Anke Höller

Mein kleines KRÄUTERCAFÉ für zu Hause

ulmer

Anke Höller

Mein kleines KRÄUTERCAFÉ für zu Hause

Wohlfühlrezepte
mit Wildkräutern für
Frühstück, Snacks
und Kaffeeklatsch

Speisekarte

Lust auf Kräutercafé!

Liebt ihr es auch, in einem Café zu sitzen? Einfach Zeit zu haben und mal nichts zu tun? Schließt die Augen: Spürt ihr die wärmenden Sonnenstrahlen auf eurer Haut, wenn ihr draußen sitzt? Oder die behagliche Atmosphäre drinnen bei schlechtem Wetter? Für mich sind Cafébesuche immer eine kleine Auszeit. Raus aus dem Alltag, eine andere Umgebung, Seele baumeln lassen, sich mit einem Freund oder einer Freundin treffen, gute Gespräche, Lachen ... was auch immer.

Wenn dann die Bedienung nach meinen Wünschen fragt, überschlagen sich schlagartig meine Gedanken: Wieder ein Wasser? Oder doch der obligatorische Cappuccino?

Meist findet man nur Standardgetränke und -speisen auf den Karten. Wieviel lieber würde ich eine Speisekarte aufschlagen, die Überraschungen bietet, bei der ich mich zwischen den vielen attraktiven Speisen und Getränken gar nicht entscheiden kann. Eine Speisekarte, die gleichzeitig meine Kräuter-Leidenschaft befriedigt!

In meinem kleinen Kräutercafé gibt es solch eine wundervolle Speisekarte. Mit den Rezepten dieses Buches holst du dir das Café nach Hause. Hier kannst du entspannt für dich allein oder gemeinsam mit lieben Menschen genussvoll schlemmen.

Lass dich einfach von den Kräutern durch den Tag begleiten. So könntest du beispielsweise morgens mit einem anregenden Kräutertee beginnen, gefolgt von einem leckeren vitalstoffreichen Frühstück, zwischendurch vielleicht ein Kräutersüppchen und abends einen schmackhaften Snack mit einem vorzüglichen Kräuterwein genießen. Oder doch lieber mit einem Kaffee in den Tag starten? Brühe ihn doch einmal mit Kräutern auf und lasse dich von dem einzigartigen Geschmack verzaubern. Ob süß oder herzhaft, warm oder kalt – für jeden Anlass und Geschmack ist das Passende dabei.

Es kommen Freunde zu Besuch? Es steht eine Feier an? Auch hier inspirieren dich die Gerichte des Kräutercafés und du kannst deine Gäste mit besonderen Köstlichkeiten überraschen.

Das Tor zum Kräuterparadies

In den Kursen meiner Natur- und Heilpflanzenschule gibt es passend zu den Themen Getränke und als Highlight einen kulinarischen Abschluss. Wir sitzen in entspannter Runde zusammen, lassen in Gesprächen den Kurs ausklingen und genießen Köstlichkeiten, wie ihr sie im Kräutercafé findet. Es ist immer wieder eine Freude zu sehen, wie die Kursteilnehmer im Anschluss fröhlich und gestärkt heimwärts ziehen. Denn es kommt nicht nur der kulinarische Aspekt zu seinem Recht, die Schätze der Natur begleiten uns ganzheitlich. So zum Beispiel der Rosmarin, der uns mit seinem Duft in eine heitere und fröhliche Stimmung versetzt oder das Gänseblümchen, dass uns seit Kindestagen begleitet, tröstlich wirkt und ein Lächeln auf unsere Lippen zaubert. Es ist spürbar, wie vielfältig die Kräuter wirken und das Leben aller bereichern.

In alten Zeiten wäre ich wahrscheinlich als Kräuterweise von Stamm zu Stamm gezogen und hätte an den Feuern gelehrt, wie die Kräuter verwandt werden. Was die Kulinarik angeht, findest du mein Wissen in „Mein kleines Kräutercafé“ und kannst es genussvoll nutzen.

Ich wünsche dir von Herzen viel Freude beim Stöbern im Buch, beim Kräutersammeln in der Natur, bei der Zubereitung und anschließendem Genuss in geselliger Runde oder einfach bei einer Auszeit für dich ganz allein! Mögen dich die Schätze der Natur in deinem Alltag begleiten, inspirieren und mit all ihren Fähigkeiten unterstützen.

Herzensgrüße
Eure Anke

Wildkräuter im Alltag

Genuss, körperliches und seelisches Wohlbefinden sind drei gute Gründe, warum Wildkräuter in die tägliche Ernährung Einzug halten sollten. Darüber hinaus verhilft dir das Sammeln zu Bewegung an frischer Luft. Schließlich wachsen aufgrund der unterschiedlichen Standortbedingungen die Kräuter nicht alle auf einem Fleck.

Bei meinen Sammlungen bin ich je nach Zeitbudget unterschiedlich lange unterwegs. Muss es mal schnell gehen, wird das genommen, was in unmittelbarer Wohnortnähe wächst. Dann stehe ich in vielleicht 10 Minuten mit einer Handvoll Grünem wieder in der Küche. Ist das Zeitbudget größer, werden die Wanderungen entsprechend ausgedehnt.

Nehmt das, was euch die Natur gerade „anbietet". Damit möchte ich euch ermutigen, das zu sammeln und zu nutzen, was gerade zur Verfügung steht. Besser ein paar Gänseblümchen im Salat als gar keine Wildkräuter. Bitte wartet nicht auf optimale Sammelbedingungen, denn damit verringert sich eure Chance, Wildkräuter in der Küche einzusetzen.

Falls ihr nicht in einer naturnahen Umgebung wohnt oder nicht täglich sammeln könnt, heißt es vorzusorgen. Ein Spaziergang am Wochenende lädt ein, einen kleinen Vorrat anzulegen. Gut eingepackt in einem feuchten Geschirrtuch halten die Kräuter im Kühlschrank einige Tage. Auch wenn sie von Tag zu Tag etwas an Kraft verlieren, bieten sie in der Regel selbst dann noch mehr Vitalstoffe als Grünes aus dem Supermarkt.

WILDKRÄUTER SAMMELN

Bei meinen Kräuterwanderungen höre ich oft: „Ich kenne kaum Kräuter." Beim Nachfragen, welche Kräuter die meisten Menschen in der Regel sicher bestimmen können, sprudelt es dann aber nur so aus ihnen heraus: Gänseblümchen, Brennnessel, Löwenzahn, Giersch, Hagebutte, Holunder, Mohn-/Kornblumenblüten, Kamille werden genannt, und aus dem Garten meist noch Melisse, Thymian, Rosmarin, Lavendel, Salbei ... wow, das sind spontan mehr als zehn Stück!

Einige kennen sicher noch mehr, andere vielleicht die Hälfte. Die Anzahl spielt überhaupt keine Rolle. Traut euch einfach anzufangen! Wichtig ist, zunächst die Kräuter zu sammeln, die man sicher bestimmen kann. Wer darüber hinaus Interesse hat, kann auf Kräuterführungen sein Wissen erweitern.

Hier solltet ihr am besten an Kräuterwanderungen in Wohnortnähe teilnehmen, da nicht in jeder Region alle Kräuter wild wachsen. So findet man im Süden Deutschlands zum Beispiel wilden Thymian (Quendel) und Dost, während ich hier bei mir im Bergischen Land vergeblich danach suche.

Kräuterernte

In meinem Wanderrucksack hat auch ein Pflanzenbestimmungsbuch seinen festen Platz. Immer wenn ich unsicher bin oder eine mir unbekannte Pflanzen entdecke, ist es eine wertvolle Hilfe.

Hört beim Pflücken auch auf euer Bauchgefühl. Das strubbelige Gänseblümchen spricht euch nicht so sehr an wie das weiß strahlende daneben? Der Spitzwegerich hat Löcher? Da haben ihn Insekten schon vor euch entdeckt und er hat nicht mehr so viel Kraft. Das bedeutet, er bietet euch nicht mehr die volle Nährstoffbreite. Lasst den löchrigen Spitzwegerich und das strubbelige Gänseblümchen stehen und sammelt nur einwandfreie Pflanzen. Eure Intuition wird euch dabei helfen.

SAMMELPLÄTZE

Jedes Jahr im Frühjahr steht bei mir eine Kräuterprojektwoche im Kindergarten an. Die in der Regel Vier- bis Fünfjährigen freuen sich schon immer sehr darauf, die ausgewählten Kräuter mit allen Sinnen zu erkunden und natürlich dann auch kindgerecht verarbeitet zu naschen. Die erste Frage der kleinen Gourmets lautet morgens immer: „Und was gibt es heute zu essen?“

Bevor wir uns jedoch die Kräuter anschauen und verkosten, gilt es auf dem Weg zur kleinen Kräuterfrau oder zum kleinen Kräutermann wichtige Regeln zu lernen:

- Wir sammeln nicht an Hundeauslaufstellen.
- Wir sammeln nicht an Straßenrändern.
- Bevor wir etwas in den Mund stecken, fragen wir immer einen Erwachsenen.

Johanniskraut am Wegesrand

So viel mehr brauchen auch wir „Großen“ nicht zu berücksichtigen. Wenn ihr etwas nicht sicher bestimmen könnt, lasst es stehen oder fragt jemanden, der sich auskennt. Achtet bitte außerdem darauf, dass ihr keine Kräuter an Wiesenrändern oder Äckern sammelt, wenn euch nicht bekannt ist, ob dort gespritzt wurde. Auch die Vorgaben des Naturschutzes sind selbstverständlich zu beachten.

Darüber hinaus wird eine Sammelstelle nie ganz abgeerntet. Achtsames Sammeln bedeutet, dass wir immer genug stehen lassen, damit die Pflanze ihre Samen ausbilden und dadurch ihre Fortpflanzung sichern kann. Das kommt auch uns zugute, denn wir möchten ja auch im nächsten Jahr wieder Kräuter sammeln.

WILDKRÄUTER FÜR KÖRPER UND SEELE

Wildkräuter haben eine lange Tradition und wurden von jeher zu Heilzwecken genutzt. Daneben bildeten sie die Grundlage der Ernährung, bevor ab der Jungsteinzeit durch das Sesshaftwerden Kulturpflanzen immer mehr in den Vordergrund traten.

Auch in der heutigen Zeit spielen Wildpflanzen in der Küche eher eine untergeordnete Rolle – zu Unrecht. Die wilden Kräuter strotzen nur so vor Vitaminen, Mineralstoffen und sekundären Pflanzenstoffen. Sie sind somit besonders nährstoffreich und gesund.

In meiner Natur- und Kräuterschule finden regelmäßig Kräuterabende zu einzelnen Pflanzen statt. Diese versetzen mich und die Teilnehmer immer wieder aufs Neue mit ihren Inhaltsstoffen und Wirkweisen ins Staunen. Jede für sich ist ein Wunderwerk. Sie versorgen unseren Körper mit wichtigen Vitalstoffen, die uns gesund erhalten bzw. mit ihrer Heilkraft zur Gesundung beitragen.

Dazu verschenken sie sich auch noch an uns, denn wir dürfen sie kostenlos in der Natur sammeln und verwenden.

Die Kräuter können aber noch viel mehr! Wissenschaftlich werden sie auf ihre wesentlichen Inhaltsstoffe reduziert und aufgrund nachgewiesener Wirkstoffe bestimmten Krankheitsbildern zugeordnet. Was häufig nicht berücksichtigt wird, ist die Gesamtheit ihrer Wirkweise.

Strahlend roter Mohn

Das ist so, als würde der Mensch auf seine Organe reduziert. Der Mensch ist aber mehr als die Summe seiner Organe. Er ist ein komplexes Wesen, auch wenn wir dies nicht greifen oder konkret definieren können.

Genauso verhält es sich mit den Pflanzen. Auch sie sind mehr als die Summe ihrer Inhaltsstoffe und wirken allumfassend. So hilft die Brennnessel zum Beispiel, uns abzugrenzen. Die Kamille schützt bei Überforderung und lädt ein, uns gedanklich in den Hohlraum ihres gelben Blütenköpfchens zurückzuziehen. Die Schafgarbe hilft, die eigene Mitte zu finden und Kopf und Bauch zusammenzubringen. Der Weißdorn lässt uns die Dinge aus der Herzperspektive sehen.

So wirken die Wildkräuter ganzheitlich auf Körper und Seele, ebenso wie auch wir ganzheitlich wirken.

WILDKRÄUTER-KULINARIK

Wildkräuter sind also ein Powerpaket für Körper und Seele. Aber damit nicht genug – sie bieten uns auch eine große Bandbreite an Aromen.

Auf meinen Kräuterwanderungen bestimmen wir nicht nur die Pflanzen, sondern fühlen, riechen und schmecken sie auch. Wenn man einmal weiß, wie man die Brennhaare der Brennnessel zähmt, möchte man sie als Kraftnahrung auf einer Wanderung nicht mehr missen. Der kräutrige Geschmack erinnert an Spinat.

Die Weißdornbeeren schmecken mehlig, der Giersch hat etwas von Petersilie. Bärlauch und Knoblauchsrauke schenken uns eine Knoblauchnote und das Wiesenschaumkraut ist senfartig scharf. Löwenzahnblüten sind eher bitter, verarbeitet man sie zu Sirup oder Likör, werden wir mit einem honigartigen Geschmack verwöhnt. Die herben Löwenzahnblätter könnte man am ehesten mit Rucola vergleichen. Sauerampfer wie Sauerklee sind erfrischend säuerlich und der Beifuß weist viele Bitterstoffe auf. Hagebuttenblüten erinnern in Geruch und Geschmack an die Rose – die Hagebutte gehört zur Familie der Rosengewächse und wird im volkstümlichen Sprachgebrauch auch als „Hundsrose" oder „Hagrose" bezeichnet.

So könnte man die Liste unendlich weiterführen – die Aromenvielfalt ist unerschöpflich. In den Rezepten des Kräutercafés werden die unterschiedlichen Geschmacksnoten harmonisch aufeinander abgestimmt. Jedes Rezept bietet ein besonderes Geschmackserlebnis und schenkt uns oft unerwartete Gaumenfreuden.

Komm mit in „Mein kleines Kräutercafé" und genieße die Getränke und Speisen dieser außergewöhnlichen, aber im wahrsten Sinne des Wortes wunder-vollen Speisekarte mit den Schätzen der Natur. Genuss für Körper und Seele!

Feines Würzöl aus der Kräuterküche

Heiß und KALT

Ein Getränk ist mehr als nur Flüssigkeitszufuhr. Ein Getränk löscht den Durst, wenn es heiß ist, wärmt an kühlen Tagen und begleitet uns in vielen Lebenslagen. Ein Getränk zu genießen, bedeutet aber auch, sich etwas Gutes zu tun, sich Zeit zu nehmen oder sich eine Pause zu gönnen.

Basics

Für mich müssen Rezepte alltagstauglich sein und dem oft trubeligen Alltag standhalten. Mit wenigen Basics könnt ihr köstliche Getränke zaubern.

TEEAUSZÜGE

Die Teekräuter könnt ihr selbst sammeln oder in Bioqualität kaufen. Selbst sammeln hat den Vorteil, dass ihr eure positive Energie mit in das Sammelgut und damit in den Tee gebt.

Ob man frische oder getrocknete Kräuter verwendet, ist für mich immer eine Frage der Verfügbarkeit. Stehen mir frische Kräuter zur Verfügung, sind sie meine erste Wahl, da bei der Trocknung immer Inhalts- und Aromastoffe verloren gehen.

Für einen möglichst hohen Wirkstoffgehalt sollten getrocknete Blätter und Blüten möglichst unzerkleinert sein. Jede Bruchstelle bedeutet einen Verlust von Wirkstoffen. Erst kurz vor der Zubereitung werden die Kräuter für eine optimale Aromaentwicklung gemörsert oder einfach zwischen den Händen verrieben.

Zubereitung

Als Faustregel nimmt man für eine Teetasse so viele Kräuter, wie zwischen drei Finger passen (ca. 1 gehäufter Teelöffel), für einen „Pott", also einen Teebecher, die doppelte Menge. Bei frischen Kräutern braucht ihr etwa die Hälfte.

- Übergießt die Kräuter mit heißem Wasser. Dazu zuvor das Wasser aufkochen und 2–3 Minuten abkühlen lassen, bevor ihr es verwendet.
- Den Tee nach Geschmack 7–10 Minuten ziehen lassen (frische Kräuter 3–5 Minuten).
- Legt während der Ziehzeit einen Deckel auf die Tasse. Im Kondenswasser am Deckelboden sammeln sich die wertvollen flüchtigen ätherischen Öle, die ihr nach der Ziehzeit wieder in den Tee geben könnt.

Wie intensiv ein Tee sein soll, ist immer Geschmacksache. Die angegebene Menge ist eine Richtschur, die ihr ganz nach euren Vorlieben ändern könnt. Wichtig ist, dass ihr den Tee so zubereitet, dass er euch schmeckt.

GRUNDREZEPT KRÄUTERWASSER

glutenfrei, vegan

- Mit einem Nudelholz (alternativ einer Wasserflasche) achtsam über die frischen Kräuter rollen. Angequetscht geben sie die Inhaltsstoffe und insbesondere die geschmacklich wirkenden ätherischen Öle besser frei.
- Die Kräuter ins Wasser geben und 1–3 Stunden ziehen lassen. Die Dauer des Auszuges richtet sich danach, wie stark die Kräuternote sein soll.

Für 1 Liter

frische Kräuter

1 l stilles Wasser

Wie intensiv das Kräuterwasser schmeckt, richtet sich nach den Inhaltsstoffen der Kräuter, die ihr verwendet. Der entspannende zitronenartige Melissengeschmack beispielsweise geht aufgrund des hohen Anteils an ätherischen Ölen konzentrierter ins Wasser über als der krautige Geschmack des Spitzwegerichs. Für einen ganz sanften Geschmack die Kräuter ungequetscht ins Wasser geben.

Teekräuter

VEGANE MILCHAUSZÜGE

Vegane Milch selber machen ist kein Hexenwerk. Im Kühlschrank sind die Zubereitungen etwa zwei bis drei Tage haltbar und ergeben ungefähr einen halben Liter.

Mandel-/Hafer-/Kokosmilch

glutenfrei, vegan

Es gibt unterschiedliche Methoden, diese Milchalternativen herzustellen. Im Kräutercafé braucht es manchmal kurzfristig Nachschub. Deshalb findet ihr nachfolgend meine „Blitzvarianten". Auch im Alltag könnt ihr so schnell leckere Milch zaubern.

Mandelmilch

- 3–4 EL Mandelmus
- 500 ml kaltes Wasser

- Mandelmus und Wasser mit dem Pürierstab ca. 15 Sekunden gründlich vermischen.

Je mehr Mandelmus ihr nehmt, umso cremiger wird die Milch.

Hafermilch

- 500 ml kaltes Wasser
- 50 g glutenfreie Haferflocken

- Das Wasser über die Haferflocken gießen und 30 Minuten ziehen lassen.
- Haferflocken und Wasser mit dem Pürierstab ca. 30 Sekunden fein pürieren und anschließend durch einen Nussmilchbeutel oder ein feines Sieb abgießen.
- Die Masse gut ausdrücken.

Achtung: Nur kaltes Wasser verwenden. Warmes Wasser lässt die Milch eher dicklich und schleimig werden.

Kokosmilch

- 600 ml kaltes Wasser
- 125 g Kokosflocken

- Das Wasser über die Kokosflocken gießen und 1 Stunde ziehen lassen.
- Anschließend mit dem Einweichwasser ca. 2 Minuten pürieren.
- Die Masse in einen Nussmilchbeutel geben und gut ausdrücken oder durch ein feines Sieb streichen.

Die Kokosmilch wird intensiver, wenn ihr die Kokosflocken mehrere Stunden oder über Nacht in kaltem Wasser ziehen lasst.

Alle Milchvarianten vor Gebrauch immer gut durchschütteln, da sich die noch vorhandenen festeren Bestandteile nach einiger Zeit auf dem Flaschenboden absetzen.

Minz- und Löwenzahnkaffee

Frisch aufgebrüht „DER ETWAS ANDERE KAFFEE"

Schon lange bevor Bohnenkaffee auf den Markt kam, wurden aus gerösteten Pflanzenteilen wohlschmeckende Getränke zubereitet. So nutzten bereits unsere Ahnen beispielsweise Löwenzahnwurzeln, Lupinensamen oder anderes Getreide. Heute leben die alten Rezepte wieder auf. Auch in meinem kleinen Kräutercafé bilden sie die Grundlage für neue Kreationen.

MINZKAFFEE

glutenfrei, vegan

Lupinenkaffee kommt für mich dem Geschmack von Bohnenkaffee am nächsten. Im Zusammenspiel mit Kräutern beschert er uns ein einzigartiges Geschmackserlebnis. Durch den starken Eigengeschmack der gerösteten Lupinensamen eignen sich für den Kräuterkaffee insbesondere intensive Kräuter mit einem hohen Anteil ätherischer Öle.

Für 500 ml

- 2 TL getrocknete Pfefferminzblätter
- 3 TL gemahlener Lupinenkaffee
- 500 ml Wasser

- Die Pfefferminzblätter mörsern oder fein zerreiben und zusammen mit dem Lupinenmehl in einen Kaffeefilter geben.
- Wasser aufkochen und 2–3 Minuten abkühlen lassen. Nun das heiße Wasser langsam und behutsam über die Mischung im Filter gießen.

> Sehr gut schmeckt der Kräuterkaffee auch mit dem würzigen, stärkenden Salbei oder dem südländischen, anregenden Rosmarin. Jeweils 2 TL der getrockneten Kräuter gemörsert oder fein zerrieben zum Lupinenmehl gegeben.

LÖWENZAHNKAFFEE

glutenfrei, vegan

Der Löwenzahnkaffee besticht schon beim Anrösten der Wurzeln durch seinen außergewöhnlich lieblichen Geruch. Mich erinnert er an einen Hauch von frischem Popcorn auf einer Kirmes.

Für 500 ml

- 6 TL getrocknete Löwenzahnwurzel, geschnitten
- 500 ml Wasser

- Löwenzahnwurzel in der elektrischen Kaffeemühle fein mahlen.
- Die gemahlenen Wurzeln in einer Pfanne ohne Fett bei mittlerer Hitze anrösten, bis sie anfangen zu duften. Dann in einen Kaffeefilter geben.
- Wasser aufkochen. 2–3 Minuten abkühlen lassen. Nun das heiße Wasser langsam über die gerösteten Löwenzahnwurzeln im Filter gießen.

> Kennt ihr das auch? Der Löwenzahn drückt sich durch die kleinste Ritze im Asphalt und blüht dann in seiner vollsten Pracht. Er passt sich den unterschiedlichen Standortbedingungen mit Leichtigkeit an. Auch uns hilft er, uns den unterschiedlichen Lebenssituationen anzupassen und aufzublühen.

Infos zur Teezubereitung findet ihr auf Seite 18. Die Mengenangaben in den Teerezepten beziehen sich auf getrocknete Kräuter.

Tea Time
TEES FÜR KÖRPER UND SEELE

Mein „Tea Time-Ritual“ gestaltet sich folgendermaßen: Erst wird die Teesorte passend zur Stimmung ausgewählt. Der Aufguss erfolgt in einer schönen Teetasse und ich genieße es, die Tasse in den Händen zu halten, den Duft der Kräuter im aufsteigenden Dampf zu schnuppern und zu spüren, wie der Tee durch die Tasse meine Hände wärmt. Dann der erste Schluck – ein wohltuendes Gefühl breitet sich im Körper aus.

FEUER DER BEGEISTERUNG

glutenfrei, vegan

Ein durch den Rosmarin leicht anregender Tee, der durch die mediterranen Kräuter einen südländischen Hauch bekommt.

Diese Zusammensetzung bringt Freude, Kraft und Energie und eignet sich auch als „Kaffee-Ersatz“ am Morgen. Auch bei einem Durchhänger hilft sie uns wieder auf die Beine.

Für 100 g Teemischung

- 35 g Beifußkraut
- 25 g Brennnesselblätter
- 25 g Rosmarin
- 15 g Thymian/Quendel

SONNENSTRAHLEN

glutenfrei, vegan

Ringelblumenblüten durchziehen die Mischung wie Sonnenstrahlen, Rosenblüten und Hagebutte erinnern an einen sommerlichen Sonnenuntergang.

Die Vielfalt dieser Zusammensetzung versorgt uns neben vielen Vitalstoffen mit Vitamin C von Sanddorn und Hagebutte. Dazu die belebende Frische der Pfefferminze, die eine fröhliche Stimmung verbreitet.

Für 100 g Teemischung

- 40 g Hagebuttenschalen
- 30 g Sanddornbeeren
- je 5 g Pfefferminz-, Brombeer-, Erdbeer-, Himbeer- und Rosenblütenblätter, Ringelblumenblüten (ohne Kelch)

MINZKUSS

glutenfrei, vegan

Küsschen gefällig? Erfrischende Minze trifft Süßholz – eine einzigartige Verbindung.

Die belebende Frische der Minze stimmt heiter, bringt uns in Schwung und wird geschmacklich sanft von der Süßholzwurzel unterstützt.

Für 100 g Teemischung

- 50 g Pfefferminzblätter
- 50 g Süßholzwurzel, geschnitten

„USSEL-WETTER"

glutenfrei, vegan

„Ussel-Wetter" ist regnerisch, trüb, kalt ... bei dieser Witterung tut jeder Schluck dieses durchwärmenden Tees einfach nur gut!

> Der Holunder bringt wohlige Wärme, während er gemeinsam mit den anderen Kräutern gleichzeitig unsere Abwehrkräfte stärkt. Zuversichtlich könnt ihr mit jedem Schluck seiner Wirkung vertrauen.

Für 100 g Teemischung

- 20 g Wasserdostkraut
- 20 g Cistrosenkraut
- 20 g Holunderblüten
- 15 g Spitzwegerichblätter
- 15 g Thymian/Quendel
- 10 g Mädesüßkraut

SEELENSCHMEICHLER

glutenfrei, vegan

Es gibt solche Tage – Tage, an denen man Streicheleinheiten braucht. Dieser Tee schmeichelt der Seele und gibt Kraft.

> Die wohlschmeckenden Kräuter des Seelenschmeichlers umhüllen uns warm und schützend wie ein Mantel. Liebevoll und tröstlich unterstützen Weißdorn und Gänseblümchen, während das samtige Süßholz unsere Seele umschmeichelt.

Für 100 g Teemischung

- 40 g Süßholzwurzel, geschnitten
- 30 g Weißdornkraut
- 20 g Gänseblümchenblüten
- 10 g Angelikawurzel, geschnitten (Engelwurz)

GEGEN DIE FLUT

glutenfrei, vegan

Kennst du auch das Gefühl, wenn einem mal wieder alles zu viel wird? In diesen Momenten helfen uns ausgewählte und schmackhafte Kräuter, durchzuatmen und wieder in unsere Mitte zu kommen.

> Mit ihren gegensätzlichen Eigenschaften hilft uns die Schafgarbe, wieder ins Gleichgewicht zu kommen. Sie bringt Bauch und Kopf zusammen. Kamille und Lavendel verleihen die nötige innere Ruhe. Der Baldrian schenkt uns mit seiner entkrampfenden Wirkung auf das Zentralnervensystem Gelassenheit, ohne uns müde zu machen.

Für 100 g Teemischung

- 30 g Schafgarbenkraut
- 30 g Kamillenblüten
- 20 g Brennnesselblätter
- 10 g Baldrianwurzel
- 10 g Lavendelblüten

Kräuterwasser

So einfach und doch genial! Frische Kräuter mit kaltem Wasser ausgezogen verleihen dem Wasser einen zarten, sanften Geschmack, den ihr nicht mehr missen wollt. Kräuterwasser könnt ihr ganz einfach mit euren Lieblingskräutern aromatisieren. Nach den Kräuterwanderungen testen meine Teilnehmer gerne die unterschiedlichen Geschmacksrichtungen.

ERPROBTE EINZELKRÄUTER

glutenfrei, vegan

3 blühende Holunderblütendolden

je 3 Stängel Mädesüßblüten, Pfefferminze, Rosmarin oder Thymian/Quendel

je 5 Stängel Zitronenmelisse oder Lavendelblüten

5 Rosenblüten

Das Grundrezept findet ihr auf Seite 19. Die Kräutermenge bezieht sich jeweils auf 1 Liter Wasser.

ERPROBTE KRÄUTER-KOMBINATIONEN

glutenfrei, vegan

je 2 Stängel Thymian/Quendel, Rosmarin

je 2 Stängel Mädesüßblüten, Lavendelblüten

je 2 Stängel Zitronenmelisse, Holunderblütendolden

Bei den Kombinationsmöglichkeiten sind eurer Fantasie keine Grenzen gesetzt. Probiert aus und findet eure persönliche Mischung.

KRÄUTERLIMO

glutenfrei, vegan

Statt Wasser können auch Obst- oder Gemüsesäfte verwandt werden. Diese haben einen mehr oder weniger starken Eigengeschmack, den es zu berücksichtigen gilt. Die Kräuter werden dann direkt im Saft ausgezogen. Das Lieblingsrezept meiner Kräuterschüler sind in Apfelsaft ausgezogene Kräuter.

Für 2 Liter

je 5 Stängel Brennnessel-, Giersch-, Zironenmelisse-, Pfefferminzblätter

1 l Apfelsaft

1 l Sprudelwasser

- Die Kräuter wie im Grundrezept auf Seite 19 achtsam anquetschen und 3 Stunden im Apfelsaft ziehen lassen.
- Anschließend abseihen und mit dem Sprudelwasser auffüllen.

Die Rezepte zur Milchherstellung sind auf Seite 21 beschrieben. Bei den Früchten könnt ihr auch auf gefrorene Früchte zurückgreifen.

Die Mengenangaben bei den Kräutern beziehen sich auf getrocknete Ware. Es können aber genauso gut frische Kräuter verwendet werden. Diese jedoch vor dem Ausziehen in der Milch klein schneiden, um das volle Aroma zu erhalten.

Milchmixgetränke

In meinem kleinen Kräutercafé sind alle Milchmixgetränke zuckerfrei. Ihren lieblichen Geschmack bekommen sie durch das sanfte Aroma der veganen Milch. Kräuter und Milch gehen hier eine wundervolle Verbindung ein.

HIMBEER-MINZ-MILCH

glutenfrei, vegan

Für ca. 400 ml

- 250 ml Mandelmilch (Seite 21)
- 5 g getrocknete Pfefferminzblätter
- 150 g Himbeeren

Die Herstellung der Milchmixgetränke ist bei allen Rezepten gleich:

- Die vegane Milch etwas erwärmen.
- Die Kräuter hinzugeben und 15 Minuten in der Milch ausziehen. Anschließend abseihen.
- Die Kräutermilch mit den Früchten pürieren.
- Für die Rohkostvariante die Milch nicht erwärmen. Die Kräuter in die kalte Milch geben und je nach gewünschter Intensität 2–3 Stunden ausziehen. In kalter Milch dauert es länger, bis sich das Kräuteraroma entfaltet.

> Die Kräutermilchvarianten schmecken übrigens auch ohne die Früchte vorzüglich und können heiß oder kalt genossen werden.

ERDBEER-THYMIAN-MILCH

glutenfrei, vegan

Für ca. 400 ml

- 250 ml Hafermilch (Seite 21)
- 2,5 g getrockneter Thymian/Quendel
- 150 g Erdbeeren

Zubereitung siehe Himbeer-Minz-Milch.

BLAUBEER-LAVENDEL-MILCH

glutenfrei, vegan

Für ca. 400 ml

- 250 ml Kokosmilch (Seite 21)
- 1,5 g getrocknete Lavendelblüten
- 150 g Blaubeeren

Zubereitung siehe Himbeer-Minz-Milch.

Kräuterwein

In geselliger Runde oder auch, wenn du mit einem guten Buch allein in meinem kleinen Kräutercafé sitzt, ein Kräuterwein ist immer etwas Besonderes. Er lässt die Geschmacksknospen aufhorchen und ist Genuss pur.

SOMMERNACHTSTRAUM

glutenfrei, vegan

Du liebst den betörenden Geruch von Mädesüß und den sanften Geschmack der Vanille? Dann bist du beim Sommernachtstraum genau richtig. Beide Zutaten verbinden sich im Weißwein zu einer einzigartigen Komposition, die ein Lächeln auf deine Lippen zaubert und fröhlich stimmt.

Für ca. 1 ½ Liter

- 10 mittelgroße, frische Mädesüßblütenstängel (alternativ 5 g getrocknete Mädesüßblüten)
- 2 Vanilleschoten
- 200 g Akazienhonig
- 1 l halbtrockenen Weißwein
- 200 ml Wodka

- Die Blüten von den Stängeln abzupfen und in eine Glasflasche mit weitem Hals geben.
- Die Vanilleschoten längs aufschneiden und dazugeben.
- Den Honig, Weißwein und Wodka über die Blüten und Schoten gießen.
- Die Flasche verschließen und hell, aber ohne direkte Sonneneinstrahlung, 3 Wochen ziehen lassen.
- Anschließend abseihen und kühl lagern.

LEBENSFREUDE

glutenfrei, vegetarisch

Herzstärkendes Weißdornkraut kombiniert mit dem sonnigen Gemüt von Melisse und Johanniskraut wird zu einem besonderen Genuss, der Heiterkeit und Lebensfreude bringt.

Für ca. 1 ½ Liter

- 3 Zimtstangen
- je 10 g getrocknetes Weißdornkraut, Johanniskrautblüten, Melissenblätter
- 200 g Akazienhonig
- 200 ml Wodka
- 1 l halbtrockener Rotwein

- Die Zimtstangen in mehrere Stücke brechen.
- Die Kräuter, Zimtstücke und Honig in eine Glasflasche mit weitem Hals geben und mit Wodka und Rotwein übergießen.
- Alle Zutaten miteinander vermischen. Die Flasche verschließen und hell, aber ohne direkte Sonneneinstrahlung 3 Wochen ziehen lassen.
- Anschließend abseihen und kühl lagern.

In diesem Rezept werden getrocknete Kräuter verwendet, da Weißdorn und Johanniskraut nicht zur gleichen Zeit blühen. Wer dennoch frische Kräuter nutzen möchte, ersetzt das getrocknete Kraut einfach teilweise.

Kräuterweine sind intensiv. Am besten lassen sie sich in kleinen Mengen likörgläschenweise genießen.

Mehr als nur FRÜHSTÜCK

Frühstück, Znüni, Snack, Petit Déjeuner, Vesper, Zmorge, Brotzeit – egal zu welcher Tageszeit, im kleinen Kräutercafé könnt ihr jederzeit ganz nach euren Vorlieben schmausen. Lieber süß oder herzhaft? Mit oder ohne Brot? Eins ist sicher: Die leichten kräutigen Ideen bringen Abwechslung auf den Tisch und schenken Vitalität und Energie!

Frischekick

Die verschiedenen Arten, Obst zu genießen, sind groß. Manche mögen nur eine Obstsorte, andere einen bunten Mix verschiedener Früchte. Kleingeschnitten oder lieber größere Stücke und als Bowl angerichtet? Hier sind bei Auswahl und Anrichten der Kreativität keine Grenzen gesetzt.

OBSTSALAT UND TOPPINGS

Obstsalat ist nicht nur lecker, sondern versorgt uns durch den Mix verschiedener Obstsorten auch mit vielen unterschiedlichen Vitalstoffen. Achtet beim Einkauf möglichst auf regionale und saisonale Angebote.

Die i-Tüpfelchen für einen leckeren Obstsalat sind Toppings. Sie unterstreichen das Aroma oder liefern eine zusätzliche Geschmackskomponente. Die Toppings könnt ihr nach Herzenslust und Geschmack mit Obst eurer Wahl kombinieren.

ROSENROT HAGEBUTTEN-SANDDORN-SOSSE

glutenfrei, vegan

Der süß-fruchtige Vitamin-C-Lieferant hat stärkenden Charakter. Die rote Farbe assoziiert Fröhlichkeit und Lebensfreude. Ich liebe „Rosenrot" insbesondere mit Klassikern wie Apfel, Birne, Banane und Kiwi.

Für 2 Portionen

- 25 g getrocknete Hagebuttenschalen
- 15 g getrocknete Sanddornbeeren
- Saft von ½ Zitrone
- 1–2 EL Honig

- Hagebuttenschalen und Sanddornbeeren mit ca. 75 ml kaltem Wasser bedecken und mindestens 3 Stunden einweichen.
- Das Einweichwasser zusammen mit den Früchten, Zitronensaft und Honig pürieren.
- Die Hagebutten-Sanddorn-Soße dekorativ über den Obstsalat geben.

> Werden die getrockneten Früchte über Nacht eingeweicht, kann man am Morgen die Soße in Sekundenschnelle zubereiten und verwenden.
>
> Im Herbst können auch frische Hagebutten verwendet werden. Dazu die Hagebutten zuvor entkernen. Die Einweichzeit für die Hagebutten entfällt, sie können direkt mit den eingeweichten Sanddornbeeren, Zitronensaft und Honig püriert werden.

SCHNEEWEISSCHEN CASHEW-SÜSSHOLZCREME

glutenfrei, vegan

Das Süßholz verleiht in Kombination mit Nüssen dem Obst eine zusätzliche leichte Süße, die harmonisierend auf Körper und Seele wirkt.

Für 2 Portionen

- 100 g Cashewkerne
- ca. 100–150 ml Mandelmilch (Seite 21)
- 1–2 EL Süßholzpulver nach Geschmack

- Die Cashewkerne mit kaltem Wasser übergießen und über Nacht oder mindestens 3 Stunden einweichen.
- Das Einweichwasser wegschütten und die Cashewkerne mit klarem Wasser spülen.
- Die Cashewkerne mit Mandelmilch und Süßholzpulver pürieren, bis eine cremige Masse entsteht.

> Die Nusscreme kann auch mit jeder anderen Nusssorte hergestellt werden. Durch den unterschiedlichen Eigengeschmack der Nüsse bekommt jede Creme einen anderen Charakter.

Obstsalat und Toppings

Die Beerensoße kann sofort genossen werden. Lässt man sie allerdings eine Stunde durchziehen, verstärkt sich der Geschmack der Kräuter.

KRAFTFUTTER

glutenfrei, vegan

So einfach und doch genial! Das Kraftfutter liefert mit den vitalstoffreichen Brennnesselsamen außerordentlich viel Energie. Kombiniert mit der süßen Banane und dem Hagebuttenpulver lassen sie uns kraftvoll und lebendig weiter des Weges gehen. Ein Vitamin- und Mineralstoffmix ohnegleichen, der keine zusätzliche Süße benötigt.

Für 2 Portionen

- 1 mittelgroße Banane
- 2 TL Hagebuttenpulver
- 2 TL Brennnesselsamen

- Die Banane und das Hagebuttenpulver mit einem Pürierstab fein pürieren.
- Die Brennnesselsamen unterrühren.

> Ein Highlight ist das Kraftfutter auch mit Müslicrunch oder selbstgemachtem Müsli – mit und ohne Obstsalat.
>
> Es muss mal schneller gehen? Einfach die Banane mit der Gabel zerdrücken und die restlichen Zutaten unterrühren. Im Handumdrehen ist das Kraftfutter fertig.

BEERENLIEBE

glutenfrei, vegan

Beeren sind eine hervorragende Grundlage für Fruchtsoßen: Himbeeren, Erdbeeren, Blaubeeren, Johannisbeeren, Brombeeren – natürlich am liebsten frisch vom Strauch bzw. von der Pflanze. Es lohnt sich, einen Wintervorrat anzulegen und Früchte einzufrieren. So könnt ihr auch in der kalten Jahreszeit die Fruchtsoßen genießen.

Für 4 Portionen

- 250 g Beeren nach Wahl
- ½ Handvoll frische Kräuter, z. B. Blätter von Basilikum, Brennnessel, Pfefferminze, Zitronenmelisse, Oregano/Dost oder Lavendel

- Die Beeren mit den Kräutern pürieren und über den Obstsalat geben.

Nachfolgende Kombinationen haben sich bewährt, können aber natürlich auch anders zusammengesetzt werden. Hier entscheidet einzig und allein euer Geschmack.

- Basilikum – Erdbeeren
- Pfefferminze – Himbeeren
- Oregano/Dost – schwarze Johannisbeeren
- Zitronenmelisse – rote Johannisbeeren
- Brennnessel – Brombeeren
- Lavendel – Heidelbeeren

WEITERE „FRISCHEKICKS“

Kräuter deiner Wahl wie beispielsweise Zitronenmelisse oder Pfefferminze einfach klein schneiden und über das Obst geben – puristischer, aber feiner Genuss. Obstsalat mit Kräuterhonig (Seite 53) ist auch etwas sehr Feines.

KNUSPRIG LECKERES MÜSLICRUNCH

glutenfrei, vegan

Ihr liebt frisches Obst mit knackigem Genuss? Da kommt ihr mit dem Müslicrunch voll auf eure Kosten. Glutenfreies Getreide, Nüsse und Saaten kombiniert mit etwas Süße bringen Hochgenuss aus dem Backofen.

Für ca. 500 g Müslimischung

- 200 g glutenfreie grobe Haferflocken
- je 50 g gehackte Mandeln, Walnüsse, Haselnüsse
- 50 g geschälte Hanfsamen
- 50 g Sesam
- 2 EL Wegerichsamen
- 4 TL gemahlener Zimt
- 2 TL Vanillepulver
- 100 g Kokosöl
- 6 EL Ahornsirup oder ein alternatives Süßungsmittel (z. B. flüssiger Honig, Agavendicksaft)

- Alle trockenen Zutaten mischen.
- Kokosöl erhitzen, bis es flüssig ist.
- Das flüssige Kokosöl und Ahornsirup mit den trockenen Zutaten vermischen.
- Ein Backblech mit Backpapier auslegen und die Masse gleichmäßig darauf verteilen.
- Den Backofen auf 160 °C (Umluft) vorheizen und das Müslicrunch ca. 20 Minuten backen, dabei etwa zweimal wenden.
- Auskühlen lassen und portionsweise unter den Obstsalat heben.

MÜSLI SELBST GEMACHT – SCHNELL UND EINFACH

glutenfrei, vegan

Warum Müslimischungen kaufen, wenn sie doch so schnell selbst gemacht sind? Einfach alle favorisierten Zutaten zusammenfügen und fertig ist das Müsli. Hier verrate ich euch mein absolutes Lieblingsrezept.

Für ca. 400 g Müslimischung

- 200 g Hirseflocken
- 120 g Süßlupinenmehl
- 40 g gepuffter Amaranth
- 40 g gemahlenes Süßholz

- Alle Zutaten mischen und portionsweise mit (veganer) Milch anrühren.

> Müslicrunch oder Müsli können auch gut mit einem der anderen Toppings – wie beispielsweise der Hagebuttensoße – kombiniert werden. Ihr könnt die Müslis auch mit den veganen Milchsorten (Seite 21) oder auch dem Kokos-Basic (Seite 101) anrühren. Himmlisch schmecken dazu auch die Kräutermilchvarianten (Seite 31).

Die gute Grundlage

Liebt ihr auch den Duft von frisch gebackenem Brot? Das Wasser läuft einem im Mund zusammen und am liebsten möchte man sich sofort eine Scheibe abschneiden. Ob als Grundlage für Aufstriche, zur Suppe oder auf die Hand – Brot oder Brötchen gehen immer. Im Kräutercafé werden nur unverarbeitete Zutaten verwendet und somit ist der Genuss vorprogrammiert.

KRÄUTERVARIANTEN

Die folgenden Grundrezepte erhalten durch Kräuter ein ganz besonderes Aroma. Je nach Eigengeschmack des Mehls kommt der würzige Kräutergeschmack mehr oder weniger zur Geltung. Für die „grüne Variante“ werden dem Grundteig ein bis zwei Handvoll klein geschnittener (Wild-)Kräuter hinzugefügt. Hier eignen sich beispielsweise Bärlauch, Brennnessel, Kapuzinerkresse, Giersch, Thymian, Dost, Beifuß, Rosmarin, Knoblauchsrauke, Schafgarbe, Wiesenknopf, aber auch Petersilie und Schnittlauch. Genauso gut können Kräutersamen eingearbeitet werden. Nähere Infos zu essbaren Wildsamen findet ihr im gleichnamigen Buch (siehe Seite 136).

QUARKBRÖTCHEN

vegetarisch

Quarkbrötchen sind in meinen Kursen besonders beliebt, da man sie nach Herzenslust variieren kann. Mit diesem Grundrezept sind aufgrund des sanften Eigengeschmacks des Weizenmehls der Fantasie keine Grenzen gesetzt.

Für ca. 8–10 Brötchen

- 250 g Quark 20 %
- 2 Eier
- 250 g Weizenmehl Type 405
- 1 Pk. Backpulver
- ½ TL Salz

- Den Backofen auf 180 °C (Umluft) vorheizen.
- Quark und Eier miteinander verquirlen.
- Alle übrigen Zutaten hinzufügen und zu einem Teig verkneten.
- Die Hände mit kaltem Wasser befeuchten und 8–10 Brötchen formen.
- Die Brötchen auf ein mit Backpapier ausgelegtes Backblech geben.
- Ca. 20 Minuten im vorgeheizten Ofen backen, bis die Brötchen eine leicht goldene Farbe angenommen haben.

Diese Brötchen eignen sich pur für süßen und herzhaften Belag. Wenn ihr das Salz durch Zucker, Trockenobst oder Schokoladenstückchen ersetzt, erhaltet ihr köstlich süße Brötchen.

ALLTAGSBRÖTCHEN

vegan

Jeden Tag Sonntagsfeeling? Diese Brötchen erobern nicht nur am Wochenende die Herzen. Sie sind ruckzuck zubereitet und können ohne Wartezeit in den Ofen. Der Duft frisch gebackener Brötchen ruft alle zusammen und dem gemeinsamen Genuss steht nichts mehr im Wege.

Für ca. 10 Brötchen

- 500 g Weizenmehl Type 1050
- 1 Pk. Backpulver
- 1 EL Kartoffelstärke
- 1 TL Salz
- 30 ml Sonnenblumenöl
- ca. 400 ml Wasser

- Den Backofen auf 180 °C (Umluft) vorheizen.
- Alle trockenen Zutaten in eine Schüssel geben und durchmischen.
- Öl und Wasser dazugeben und gut durchkneten.
- Muffinformen einfetten und Teig auf die Formen verteilen.
- Ca. 20 Minuten im vorgeheizten Ofen backen, bis die Brötchen eine leicht goldene Farbe angenommen haben.

> Die Brötchen, in unterschiedlichen Muffinformen gebacken, sind ein wahrer Hingucker im Brotkorb.
>
> Wer es kernig mag, kann dem Teig beispielsweise noch 100 g Sonnenblumenkerne hinzufügen.

FLOCKENBROT – ALL IN ONE

glutenfrei, vegan

Geflocktes Getreide eignet sich besonders für Brot, das ganz ohne Treibmittel auskommt. Die Flocken machen es luftiger. Glutenfrei und sehr bekömmlich ist das Brot obendrein. Lasst euch von seinem nussigen Charakter überraschen.

Für 1 Brot à ca. 750 g

- 70 g Hirseflocken
- 70 g Reisflocken
- 70 g Buchweizenflocken
- 100 g Sonnenblumenkerne
- 100 g gemahlene Haselnüsse
- 70 g Leinsamen
- 20 g Flohsamenschalen
- 20 g Chiasamen
- 1 TL Salz
- 40 g Kokosöl
- ca. 500 ml Wasser

- Den Backofen auf 200 °C (Umluft) vorheizen.
- Alle trockenen Zutaten miteinander vermischen.
- Das Kokosöl erwärmen und zusammen mit dem Wasser unter die restlichen Zutaten mischen.
- Die Masse 1 Stunde quellen lassen.
- Den Teig in eine mit Backpapier ausgelegte Brot- oder Kuchenform geben.
- Das Brot ca. 30 Minuten im vorgeheizten Ofen backen, danach herausnehmen. Das Brot mit dem Backpapier aus der Form heben. Anschließend das Brot vorsichtig auf dem Backpapier wenden und nochmals ohne Form ca. 30 Minuten fertig backen.

Die Nusssorten können ganz nach persönlichen Vorlieben und Verträglichkeiten ausgetauscht werden.

Dieses Brot lässt sich gut auf Vorrat vorbereiten. Alle trockenen Zutaten mischen und in einem Glas aufbewahren. Bei Bedarf müssen diese dann nur noch mit den flüssigen Zutaten vermischt werden.

KNÄCKEBROT MIT SUCHTFAKTOR

glutenfrei, vegan

Dieses Knäckebrot hat Suchtfaktor – zum Glück ist es eine gesunde Sucht. Ob als Belagunterlage, zum Dippen oder einfach nur zum Wegnaschen, von Groß und Klein wird es gleichermaßen geliebt und ist ratzfatz aufgegessen.

Für ca. 500 g Knäckebrot

- 150 g Buchweizenmehl
- 150 g Quinoaflocken
- 50 g Sesam
- 50 g Leinsamen
- 50 g Sonnenblumenkerne
- 50 g gehackte Haselnusskerne
- 5 EL Kürbiskernöl
- 1 EL Salz
- 500 ml Wasser

- Den Backofen auf 180 °C (Umluft) vorheizen.
- Alle Zutaten miteinander verrühren und 1 Stunde quellen lassen.
- Die Masse auf einem Blech mit Backpapier so dünn wie möglich mit einer Gabel ausstreichen und Rechtecke oder Quadrate einritzen, damit das Knäckebrot später besser in Stücke gebrochen werden kann.
- Ca. 30 Minuten im vorgeheizten Ofen backen, bis die Masse knackig ist.

> Es kann vorkommen, dass bei ungleichmäßigem Ausstreichen dickere Abschnitte nach der Backzeit noch etwas weicher sind. Diese Stücke nochmal in den Ofen geben und 5–10 Minuten weiterbacken.
>
> Die Menge reicht für ungefähr zwei Backbleche. Je dicker die Masse ausgestrichen wird, umso länger dauert der Backvorgang.

Süße Ecke für Groß und Klein

Marmelade, Honig oder Schokocremes sind für viele der perfekte Aufstrich für knusprige Brötchen. Oftmals werden die Naschereien aber mit entschuldigenden Worten oder schlechtem Gewissen verzehrt, weiß man doch, dass sie nicht gesund sind. Im Kräutercafé steht dem unbeschwerten Genuss allerdings nichts im Wege. Mit leckeren und gesunden Zutaten kann man sich an der „Süßen Ecke“ bedenkenlos bedienen.

CHIA-MARMELADE

glutenfrei, vegan

Die Süße erhält diese Chia-Marmelade von den vitamin- und mineralstoffreichen Datteln, das feine Aroma durch die ätherischen Öle der verwendeten Kräuter. So ist die Minze beispielsweise frisch, kühlend und belebt die Sinne.

Für 1 Glas à ca. 250 ml

- 3 entsteinte Datteln
- 200 g Himbeeren
- 4 EL Chiasamen
- 20 frische Pfefferminzblätter

Himbeertraum

- Die Datteln grob zerkleinern und zusammen mit den Himbeeren und Chiasamen pürieren.
- Die Minze fein schneiden und unter die Masse rühren.

Der Himbeertraum kann sofort genossen werden. Stellt man ihn einige Stunden in den Kühlschrank, wird die Chia-Marmelade fester und der Minzgeschmack intensiver.

Andere leckere Obst-Kräuter-Kombinationen findet ihr auch unter „Beerenliebe“ (Seite 39). Ein Traum ist sind auch Pfirsiche mit Zitronenmelisse.

HONIG-GELÜSTE

glutenfrei, vegetarisch

Honig-Fans kommen hier ganz auf ihre Kosten. Honig enthält wertvolle Vitalstoffe. Durch die unterschiedlichen Aromen hat er, je nach Sorte, einen mehr oder weniger intensiven Eigengeschmack, den es zu berücksichtigen gilt. Für Kräuterauszüge eignen sich eher flüssige Honige mit mildem Geschmack, wie z. B. Akazienhonig.

Achtet beim Kauf auf regionalen und naturbelassenen Honig.

Salbeihonig

- Salbei fein schneiden und die Zimtstange in Stücke brechen.
- Zusammen mit den Nelken zum Honig geben und gründlich verrühren.
- An einem hellen Ort 4 Wochen durchziehen lassen. Das Glas einmal täglich wenden, da sich die Gewürze und Kräuter an der Oberfläche absetzen.

Für 1 Glas à ca. 500 ml

- 20 frische Salbeiblätter
- 1 Stange Zimt
- 3 Gewürznelken
- 500 g Akazienhonig

Auf diese Weise könnt ihr auch jeden anderen Kräuterhonig herstellen. Für ein reines Kräuteraroma nehmt ihr nur Honig und Kräuter. Lavendel, Holunderblüten oder lieber Thymian? Peppt den Honig mit euren Lieblingskräutern auf.

Der Lieblingshonig meiner Kursteilnehmerinnen und -teilnehmer ist übrigens Akazienhonig, der mit einer Handvoll fein geschnittener Fichtenspitzen (Maiwuchs) ausgezogen wurde.

Bei Trockenobst empfehle ich, nur ungeschwefelte Produkte zu verwenden.

FRUCHTCREMES

glutenfrei, vegan

Getrocknetes Obst ist hier die Grundlage für feine Cremes. Aprikosen, Apfelringe oder Mangostücke in Verbindung mit Nüssen ergeben außergewöhnliche Gaumenfreuden. Diese Cremes eignen sich auch vorzüglich als Nachtisch oder kleine Nascherei.

Mango-Liebe

Für 4 Portionen

- 50 g Mangochips
- 50 g Cashewkerne
- 150 ml Wasser
- 2 EL Mandelmus
- 1 kleine Handvoll Gänseblümchenblüten

- Mangochips in 100 ml und Cashewkerne in 50 ml Wasser 2 Stunden einweichen.
- Mango und Cashewkerne mit dem Einweichwasser und dem Mandelmus pürieren.
- Einige Gänseblümchen zum Verzieren zurückbehalten, die restlichen Blüten behutsam unter die Creme heben.

Aprikosen-Hit

Für 4 Portionen

- 200 g getrocknete Aprikosen
- 200 ml Wasser
- 4 große Holunderblütendolden
- 2 EL Mandelmus
- gemahlene Mandeln nach Bedarf

- Die Aprikosen klein schneiden und mit dem Wasser übergießen. Die Holunderblüten hinzufügen und über Nacht einweichen.
- Am nächsten Tag die Blüten entfernen und die Aprikosen mit dem Einweichwasser und dem Mandelmus pürieren.
- So viel gemahlene Mandeln hinzufügen, bis eine streichfähige Paste entstanden ist.

Apfel-Kuss

Für 4 Portionen

- 200 g getrocknete Apfelringe
- 4 Datteln
- 4 EL Cashewmus
- eine kleine Handvoll Blüten, z. B. von Märzveilchen, wilden Stiefmütterchen, wilder Malve, Wegwarte

- Apfelringe und Datteln mit reichlich Wasser übergießen und 1 Stunde einweichen.
- Das Einweichwasser wegschütten.
- Apfelringe, Datteln und Cashewmus zu einer feinen Creme pürieren.
- Einige Veilchen zum Verzieren zurückbehalten, die restlichen Blüten behutsam unter die Creme heben.

Schoko -
Creme

SCHOKOCREME

glutenfrei, vegan

Auf dem Brot oder direkt aus dem Glas genascht – von dieser Schokocreme kann man einfach nicht genug bekommen. Kaum zu glauben, dass dieses kulinarische Highlight auch noch aus rundum gesunden Zutaten besteht. Insbesondere die Kakaobohne schenkt uns eine Vielzahl vitalstoffreicher Inhaltsstoffe. Da kann man guten Gewissens hemmungslos naschen.

Für 4 Portionen

Flüssige Zutaten:

- 12 g Kakaobutter
- 28 g Kokosöl
- 25 g Agavendicksaft
- 100 g Mandelmus

Trockene Zutaten:

- 20 g entöltes Kakaopulver
- 25 g gemahlene Kakaobohnen
- 1 Prise Salz
- 1 TL Vanillepulver

Dunkle Verführung

- Die flüssigen Zutaten im Wasserbad schmelzen.
- Die trockenen Zutaten miteinander vermischen.
- Die flüssigen Zutaten mit den trockenen Zutaten klümpchenfrei verrühren.
- Die Masse in ein Glas füllen und über Nacht im Kühlschrank fest werden lassen.

Die Schokocreme bei Zimmertemperatur aufbewahren.
So bleibt sie streichfähig.

Aufstriche mit dieser Grundlage sind am streichfähigsten, wenn die Creme vor dem Genuss Zimmertemperatur angenommen hat.

Basics „Herzhafter Entschluss“

Insbesondere bei kräftigen Brotaufstrichen könnt ihr nach Herzenslust mit den kräutrigen Zutaten spielen. Ihr wählt aus den Basisrezepten eure Highlights aus und wandelt die Rezepte nach eurem Geschmack ab.

VEGANER FRISCHKÄSE

glutenfrei, vegan

Für den veganen Frischkäse werden die milden, leicht süßlichen Cashewkerne verwendet. Den käsigen Geschmack erhält er durch Hefeflocken.

Für 4 Portionen

- 200 g Cashewkerne
- 2 EL Hefeflocken
- 1 EL Zitronensaft
- 70 ml Hafermilch (Seite 21)
- ½ TL Salz

- Die Cashewkerne mindestens 4 Stunden oder am besten über Nacht einweichen.
- Anschließend das Einweichwasser weggießen und die Cashewkerne abspülen.
- Die Cashewkerne zusammen mit den restlichen Zutaten zu einer cremigen Masse pürieren.
- Ist die Masse zu trocken, ggf. etwas mehr Hafermilch hinzufügen.

Im Hochleistungsmixer wird die Masse noch cremiger.

Den veganen Frischkäse könnt ihr auch mit Walnüssen, Haselnüssen, Sonnenblumenkernen etc. herstellen. Beachtet dabei, dass der Eigengeschmack der unterschiedlichen Nussarten mehr oder weniger intensiv ist. Dies kann sich geschmacklich auf die weitere Zubereitung auswirken.

KARTOFFELCREME

glutenfrei, vegan

Für dieses Basisrezept kann man auch prima übrig gebliebene Kartoffeln nutzen. Die nährstoffreichen Knollen sind eine hervorragende Grundlage für Dips.

Für 4 Portionen

- 200 g gekochte Kartoffeln
- 20 g vegane Butter (z. B. Alsan)

- Kartoffeln und Butter stampfen oder mit der Gabel zerdrücken, bis eine cremige Konsistenz entsteht.

Anstatt Butter können auch Öle verwendet werden. So verleihen z. B. Nussöle den Kartoffeln einen feinen nussigen Geschmack. Passende Kräuteröle (Seite 127) unterstreichen den Geschmack frischer Kräuter. Hierfür so viel Öl hinzufügen, bis die Creme die gewünschte Konsistenz hat.

KICHERERBSENCREME

glutenfrei, vegan

Gekochte Kichererbsen sind wegen ihres geringen Eigengeschmacks vielseitig verwendbar. Mit unterschiedlichen Kräutern und Gewürzen lassen sich aus ihnen Dips unterschiedlichster Geschmacksrichtungen zaubern.

Für 4 Portionen

- 200 g gekochte Kichererbsen
- 2 EL Sesampaste
- 40–50 ml Sonnenblumenöl
- Saft von ½ Zitrone

- Alle Zutaten zu einer cremigen Masse pürieren.
- Ist die Masse zu trocken, ggf. noch etwas Öl hinzufügen.

> Ihr könnt die Kichererbsen nach Packungsanleitung selber kochen oder auf gekochte Kichererbsen im Glas aus dem Handel zurückgreifen.

LINSENCREME

glutenfrei, vegan

Rote Linsen eignen sich hervorragend als Grundlage für herzhafte Brotaufstriche. Sie lassen sich geschmacklich gut variieren.

Für 4 Portionen

- 100 rote Linsen
- 200 ml Wasser
- ½ TL Salz

- Linsen mit Wasser und Salz zum Kochen bringen und ca. 5 Minuten köcheln lassen, bis das Wasser vollständig aufgesogen ist.
- Anschließend den Topf von der Herdplatte ziehen und die Linsen noch ca. 10 Minuten quellen lassen.

> Ersetzt man das Salz durch selbstgemachte Gemüsebrühe (Seite 75), bekommt die Creme einen leicht herzhaften Geschmack. Nur mit Salz gekocht schmeckt die Creme milder.
>
> Statt Linsen können auch Hirse oder Quinoa als Grundlage für eine Creme verwendet werden.

Herzhafter Entschluss

Herzhaft soll es sein, aber von Wurst und Käse habt ihr schon lange die Nase voll? Es gibt eine Menge leckerer und gleichzeitig gesunder Alternativen. Diese haben das Zeug, euer Lieblingsbelag zu werden. Auch beim Dippen lassen sie die Herzen höher schlagen.

FRÜHLINGSFEELING

glutenfrei, vegan

Soweit das Auge reicht, überziehen im Frühling die weißen Teppiche des Schaumkrauts die Wiesen. Zum Würzen ist der kresseähnliche Geschmack der Blätter und Blüten perfekt.

Für 4 Portionen

- 1 Handvoll Wiesenschaumkraut (Blätter und Blüten)
- 1 Zwiebel
- 5 Stück in Öl eingelegte Tomaten
- 200 g Kartoffelcreme (Seite 59)
- Salz, Pfeffer

- Das Wiesenschaumkraut klein schneiden.
- Zwiebel schälen, Zwiebel und Tomaten klein schneiden.
- Alle Zutaten miteinander vermischen.
- Mit Salz und Pfeffer abschmecken.

Zu anderen Jahreszeiten können anstatt des Wiesenschaumkrautes auch Brunnen- oder Gartenkresse verwandt werden.

EIN HAUCH VON SÜDEN

glutenfrei, vegan

Schließt die Augen und träumt euch in südländische Gefilde. Seht ihr die Olivenhaine? Riecht ihr den Duft von Thymian, Rosmarin und Oregano? Der Genuss dieser Olivencreme schenkt euch dieses Gefühl.

Für 4 Portionen

- 150 g entsteinte schwarze Oliven
- 200 g Cashewcreme (Seite 59)
- ½ Handvoll Oregano/Dost
- Salz, Pfeffer

- Die Oliven mit der Cashewcreme pürieren.
- Die Oreganoblätter klein schneiden und unter die Creme geben.
- Mit Salz und Pfeffer abschmecken.

Ihr mögt lieber Rosmarin oder Thymian? Wandelt das Rezept nach euren Wünschen ab.

Wenn ihr keine frischen Oreganoblätter zur Hand habt, könnt ihr sie auch durch 1 TL getrocknetes Oreganopulver ersetzen (siehe dazu auch Rezept Kräuterpulver, Seite 77).

TAUSENDSASSA

glutenfrei, vegan

„Was mache ich nur mit all dem Giersch?“, stöhnen vieler meiner Kursteilnehmer. Meine Standardantwort: Hemmungslos schlemmen! Manche können vom petersilienartigen Aroma des Tausendsassas gar nicht genug bekommen.

- Die Zwiebel schälen, fein würfeln und in Kokosöl glasig dünsten.
- Die Gierschblätter fein schneiden.
- Zwiebelwürfel und Giersch unter die Linsencreme rühren.
- Mit Salz und Pfeffer abschmecken.

Für 4 Portionen

- 1 kleine Zwiebel
- Kokosöl zum Andünsten
- 1 Handvoll junge Gierschblätter
- 200 g Linsencreme (Seite 61)
- Salz, Pfeffer

BÄRENSTARK

glutenfrei, vegan

Der Überlieferung nach fraßen die Bären nach ihrem Winterschlaf Bärlauch, um sich zu stärken. In der Kicherebsencreme verleiht das wirkstoffreiche Zwiebelgewächs auch uns Bärenkräfte.

- Die Bärlauchblätter klein schneiden.
- Die Zwiebel schälen und fein würfeln.
- Die Gewürze unter die Creme rühren.
- Zwiebelwürfel und Bärlauch hinzugeben. Mit Salz und Pfeffer abschmecken.

> Bärlauch lässt sich auch gut einfrieren. Schneidet ihn dazu klein und gebt ihn in eine Gefrierdose. So kann er zu jeder Jahreszeit genossen werden.

Für 4 Portionen

- 1 Handvoll Bärlauchblätter
- 1 mittelgroße Zwiebel
- 1 TL Curry
- 1 TL Kreuzkümmel
- 1 TL Kurkuma
- 200 g Kichererbsencreme (Seite 61)
- Salz, Pfeffer

REGENBOGEN

glutenfrei, vegan

Rot, orange, gelb, grün und blau – fast alle Farben des Regenbogens sind in diesem Aufstrich enthalten und stimmen beim Anblick fröhlich. Nicht nur Kinder lassen sich mit ihm zu einem gesunden Snack verführen.

Für 4 Portionen

- 1 Handvoll Knoblauchsrauke
- je 1 TL Ringelblumen- und Kornblumenblüten
- 1 Zwiebel
- 1 große rote Paprika
- 200 g Kartoffelcreme (Seite 59)
- Salz, Pfeffer

- Die Knoblauchsrauke klein schneiden.
- Die Blütenblätter von Ringel- und Kornblume abzupfen.
- Zwiebel schälen, Zwiebel und Paprika fein würfeln.
- Alle Zutaten miteinander vermischen und mit Salz und Pfeffer abschmecken.

> Ringelblumen- und Kornblumenblüten könnt ihr im Sommer trocknen und somit auch in der kalten Jahreszeit dem Aufstrich einen farbigen Anstrich geben.

MUTPROBE

glutenfrei, vegan

Brennnesselblätter zu pflücken verlangt etwas Mut. Am besten streicht man mit der Hand von unten nach oben am Stängel entlang und knipst dann mit den Fingernägeln die Blätter ab. So können euch die Brennhaare am wenigsten etwas anhaben.

Für 4 Portionen

- 200 g Hirsecreme (siehe Zubereitung)
- 1 Handvoll Brennnesselblätter
- 1 Zwiebel
- 1 Knoblauchzehe
- 3 EL gehackte Walnüsse
- Salz, Pfeffer

- Die Hirsecreme analog zur Linsencreme (Seite 61) zubereiten.
- Die Brennnesselblätter kurz mit heißem Wasser überbrühen. Anschließend klein schneiden.
- Zwiebel schälen und fein würfeln, Knoblauchzehe schälen und fein reiben.
- Alle Zutaten miteinander vermengen. Mit Salz und Pfeffer abschmecken.

SONNENLICHT

glutenfrei, vegan

Bei der Herstellung dieses Aufstrichs haben auch Kinder sehr viel Freude. Gemeinsam Löwenzahnblüten sammeln und zupfen macht Spaß! Im Kindergarten naschen wir den Aufstrich auf Gurkenscheiben. Ein Mädchen sagte danach: „Jetzt habe ich die Sonne im Bauch". Also, lasst uns von innen leuchten!

Für 4 Portionen

- 1 Handvoll Löwenzahnblüten
- 1 Handvoll Spitzwegerichblätter
- 1 Frühlingszwiebel
- 200 g Cashewcreme (Seite 59)
- Salz, Pfeffer

- Die Blüten von den Löwenzahnköpfen abzupfen.
- Die Spitzwegerichblätter klein schneiden.
- Die Frühlingszwiebel fein würfeln.
- Alle Zutaten miteinander vermengen. Mit Salz und Pfeffer abschmecken.

STERNENSTAUB

glutenfrei, vegan

Stellaria media ist der wissenschaftliche Name der Vogelmiere. Tatsächlich leuchten uns die zauberhaften Blüten wie tausend kleine Sterne entgegen. Gleichzeitig strotzen sie vor Vitamin C.

Für 4 Portionen

- 1 Handvoll Vogelmiereblätter und -blüten
- 50 g Sonnenblumenkerne
- 200 g gekochte rote Bete
- 2–3 TL geriebener Meerrettich
- 1 Schuss Balsamicoessig
- Salz, Pfeffer

- Die Vogelmiere klein schneiden.
- Die Sonnenblumenkerne in einer Pfanne ohne Fett anrösten, bis sie duften. Anschließend abkühlen lassen.
- Rote Bete, Sonnenblumenkerne, Meerrettich und Balsamicoessig fein pürieren.
- Die Vogelmiere unterheben. Mit Salz und Pfeffer abschmecken.

> Die rote Bete könnt ihr selbst kochen oder auf gekochte Kugeln aus dem Glas zurückgreifen.

URKRAFT

glutenfrei, vegan

Beifuß? Auf meinen Kräuterwanderungen schütteln viele den Kopf – das Kraut kennen sie nicht. Die Älteren nicken jedoch wissend: Beifuß gehört doch in den Gänsebraten. Im kleinen Kräutercafé verleiht das verdauungsfördernde Kraut Gemüse den letzten Pfiff.

Für 4 Portionen

- 40 g Sonnenblumenkerne
- 40 g Cashewkerne
- 1 große Zucchini
- 1 Zwiebel
- 1 Knoblauchzehe
- 2 EL Olivenöl
- 1 Stängel Beifuß
- ½ TL Majoran
- Salz, Pfeffer

- Sonnenblumen- und Cashewkerne mit Wasser übergießen und über Nacht einweichen.
- Anschließend das Wasser abgießen und die Nüsse mit klarem Wasser spülen.
- Zucchini, Zwiebel und Knoblauchzehe schälen und fein würfeln.
- Im Anschluss in Olivenöl andünsten und abkühlen lassen.
- Die Blätter des Beifuß vom Stängel streifen und klein schneiden.
- Das abgekühlte Gemüse zusammen mit den Nüssen und dem Majoran cremig pürieren.
- Die Beifußblätter unterheben. Die Masse mit Salz und Pfeffer abschmecken.

> Beifuß ist eine alte Schutzpflanze, die im angelsächsischen Kräutersegen an erster Stelle steht.

BUTTERFAHRT

glutenfrei, vegan

Frisches Brot und Butter – mehr braucht es manchmal nicht. Rosmarin und Butter erscheint vielen als eine ungewohnte Kombination. Einmal gekostet löst sie jedoch Suchtfaktor aus.

Für 6–8 Portionen

- 5 Stängel Rosmarin (ca. 10 cm)
- 1 Knoblauchzehe
- Salz
- 125 g vegane Butter (z. B. Alsan)
- Pfeffer

- Die Rosmarinnadeln vom Stängel streifen und ganz fein hacken.
- Die Knoblauchzehe schälen, fein würfeln und mit etwas Salz mit einer Gabel fein zerdrücken.
- Alle Zutaten miteinander verkneten.
- Mit Salz und Pfeffer abschmecken.

Die kleine MAHLZEIT

Mittagszeit ist Pausenzeit! Der Hunger kommt und fordert sein Recht. Oft soll es nur eine Kleinigkeit sein: Leicht soll sie sein, nicht belasten, aber sättigen. Im kleinen Kräutercafé kommen Suppenkasper genauso wie Salatfans und Quiche-Liebhaber voll auf ihre Kosten. Gestärkt geht es nach einer leckeren und gesunden Mahlzeit wieder ans Tageswerk.

Basics „Die kleine Mahlzeit“

Gut vorbereitet steht der kleinen Mahlzeit nichts im Wege. Mit diesen Basics könnt ihr eure Vorratskammer aufstocken und nach Lust und Laune darauf zurückgreifen.

SELBST GEMACHTE GEMÜSEBRÜHE

glutenfrei, vegan

Oft enthält Gemüsebrühe Zucker, wurde zur Konservierung erhitzt und mit Zusatzstoffen versehen. Dabei ist es ganz einfach, dies zu umgehen und sie selbst auf Vorrat herzustellen.

Für 1 Glas à ca. 350 ml

- 75 g Lauch
- 75 g Knollensellerie
- 100 g Möhren
- 100 g Zwiebeln
- 1–2 Knoblauchzehen
- 1 Handvoll gemischte Wildkräuter, z. B. Blätter von Bärlauch, Giersch, Schafgarbe, Knoblauchsrauke, Löwenzahn
- 50 g Salz

- Das Gemüse putzen, die äußeren Schichten des Lauchs entfernen, die harte Schale des Sellerie abschneiden.
- Möhren, Zwiebeln und Knoblauchzehen schälen.
- Das Gemüse fein würfeln, die Wildkräuter fein schneiden.
- Gemüse und Kräuter mit dem Pürierstab oder in der Küchenmaschine fein zerkleinern. Anschließend das Salz unterrühren.
- Die Masse in ein Schraubglas füllen und im Kühlschrank aufbewahren.
- Auf 1 Liter Flüssigkeit rechnet man ca. 2 Esslöffel Gemüsebrühe.

Ihr könnt alle Wildkräuter nehmen, die ihr auch zum Würzen von herzhaften Gerichten verwenden würdet. Mein Standard ist immer Giersch, da er der Petersilie geschmacklich am nächsten kommt. Daneben wird genommen, was die Natur gerade zu bieten hat. Die im Frühjahr/Sommer achtsam gepflückten und zerkleinerten Kräuter könnt ihr auch einfrieren. So bereichern sie auch im Winter eure Gemüsebrühe.

Die Gemüsebrühe würzt nicht nur Suppen, sondern kann auch anderen herzhaften Gerichten zugefügt werden. Das Salz konserviert, daher ist die Gemüsebrühe im Kühlschrank mehrere Monate haltbar.

Faustregel: Wildkräuter/Gemüse und Salz werden im Verhältnis 7:1 angesetzt. Auf 70 g Wildkräuter/Gemüse kommen also 10 g Salz.

TEEAUSZUG ALS SUPPENGRUNDLAGE

glutenfrei, vegan

Statt Wasser werden den Suppen im kleinen Kräutercafé teilweise passende Teeauszüge hinzugefügt und verleihen ihnen einen besonderen Kick.

Für ca. 1 Liter

- 1 l Wasser
- 5–6 TL Kräuter, z. B. Pfefferminzblätter

- Das Wasser zum Kochen bringen, 1–2 Minuten abkühlen lassen und über die Kräuter geben.
- 15 Minuten ziehen lassen.
- Statt Wasser zur Suppe geben.

> Je nach Auszugsdauer erhaltet ihr ein sanftes oder starkes Aroma und könnt so selbst die Intensität ganz nach eurem Geschmack bestimmen.

KRÄUTERPULVER

glutenfrei, vegan

Mit diesem Pulver könnt ihr euch die gesunden Inhaltsstoffe der Kräuter ganzjährig zu Nutze machen und Dips, Salatsoßen, Suppen und würzige Gerichte aufpeppen oder auch ein Kräutersalz herstellen.

- Getrocknete Kräuter, z. B. Brennnessel, Giersch, Schafgarbe, Spitzwegerich, Wiesenknopf

- Die Kräuter mit der Küchenmaschine oder dem Pürierstab pulverisieren.

> Kräuter mit starkem Eigengeschmack, wie Rosmarin, Thymian, Oregano oder auch Salbei, am besten separat pulverisieren und aufbewahren. Diese Kräuterpulver gezielt zum Würzen einsetzen.
>
> Meine Kräuterpulver entstehen oft nach dem Zufallsprinzip. Habe ich zu viel Kräuter gepflückt, werden sie getrocknet, pulverisiert und der bestehenden Kräuterpulvermischung hinzugefügt. So ergeben sich immer wieder neue Geschmacksvarianten.
>
> Ihr könnt natürlich auch ganz bewusst Kräutermischungen zusammenstellen. Beispielsweise Oregano, Thymian und Rosmarin für eine mediterrane Mischung oder Zitronenmelisse, Gänseblümchen und Labkraut für eine zitronige Note.

KRÄUTERESSIG

glutenfrei, vegan

Als Dressingzutat kommt die Würze von Kräuteressigen in Salaten besonders gut zur Geltung. Die im Essig gelösten Aromen verleihen ihm einen einzigartigen Geschmack. Nehmt für einen Kräuteressig am besten frische Gewürzkräuter, da diese den Essig intensiver würzen als getrocknete. In Kombination mit Früchten erhält der Auszug eine natürliche Süße.

Für 1 Flasche à ca. 250 ml

- je 1 Handvoll frische Kräuter und ggf. Früchte, z.B. Zitronenmelisse und Himbeeren
- 250 ml Apfel- oder Weinessig

- Kräuter fein zerkleinern, Himbeeren hinzufügen und mit dem Apfel- oder Weinessig übergießen.
- 2–3 Wochen hell, aber ohne direkte Sonneneinstrahlung, bei Zimmertemperatur ausziehen.
- Täglich immer mal wieder umrühren oder schütteln.
- Anschließend je nach Größe der Kräuter durch ein Sieb oder einem Kaffeefilter abseihen.
- Den fertigen Essig kühl und dunkel aufbewahren.

In der alltäglichen Kräuterküche hat es sich bewährt, einfach ganz ohne Abwiegen ein ausgewähltes Glas zu ca. ⅓ bis ½ mit Kräutern zu füllen und mit dem Essig aufzugießen.

BEWÄHRTE ESSIG-ANSÄTZE

- Lavendel und Walderdbeeren
- Zitronenmelisse und Himbeeren
- Thymian/Quendel, Oregano/Dost und Rosmarin
- Zitronenmelisse und Giersch
- Pfefferminze und Salbei
- Basilikum und getrocknete Tomaten
- Wildrosenblüten
- Holunderblüten
- Bärlauchblätter und/oder -blüten
- Kapuzinerkresse

Bei der Herstellung sind der Kreativität keine Grenzen gesetzt. Es können ausschließlich Kräuter verwendet oder auch noch Gewürze oder Früchte hinzugefügt werden. Letztendlich entscheidet euer persönlicher Geschmack.

Suppenglück

„Suppen machen glücklich!“, sagte schon meine Oma – zu Recht. Heute bin ich es, die früh morgens aus der Natur frische Kräuter mitbringt, die Abwechslung und frischen Schwung in die Suppenküche bringen. Dampfende Suppenschüsseln schenken uns wohltuende Genussmomente und wohlige Wärme.

KLASSIKER

glutenfrei, vegan

Brennnessel-Giersch-Suppe – ein Klassiker, der niemals langweilig wird und auch in meinem kleinen Kräutercafé nicht fehlen darf. Meine Teilnehmer löffeln ihn mit Genuss. Jedes Mal erstaunt es aufs Neue, wie wundervoll diese vermeintlichen Unkräuter doch schmecken.

Für 4 Portionen

- 1 große Zwiebel
- Olivenöl
- 2 mittelgroße Möhren
- 2 große Kartoffeln
- 2 Handvoll Brennnesselspitzen
- 2 Handvoll Gierschblätter
- 2 EL selbstgemachte Gemüsebrühe (Seite 75)
- ca. 1 l Wasser
- Salz, Pfeffer

- Die Zwiebel schälen, klein schneiden und in etwas Olivenöl andünsten.
- Möhren und Kartoffeln schälen, in Würfel schneiden und zusammen mit Brennnessel und Giersch zu den Zwiebelwürfeln geben.
- Gemüsebrühe hinzufügen. Mit Wasser auffüllen, bis alle Zutaten bedeckt sind.
- Die Suppe zum Kochen bringen und bei mittlerer Hitze ca. 15 Minuten köcheln, bis das Gemüse gar ist.
- Alles pürieren und mit Salz und Pfeffer abschmecken.

Besonders schön sieht es aus, wenn die Suppe kurz vor dem Servieren mit einigen Gänseblümchen garniert wird. Geschlossene Blütenköpfe gehen wie von Zauberhand in der heißen Suppe auf.

Blätter, beispielsweise von Spitzwegerich, Vogelmiere, Sauerampfer, Wiesenbärenklau und/oder Knoblauchsrauke, können ebenfalls mitgekocht werden. Nehmt das, was ihr findet – so könnt ihr der Wildkräutersuppe immer neue Geschmacksrichtungen verleihen.

GRÜNE WELLE

glutenfrei, vegan

Grüne Erbse trifft grüne Pfefferminze – eine Verbindung, der keiner widerstehen kann.

Für 2–3 Portionen

- 1 Zwiebel
- 1 Knoblauchzehe
- Olivenöl
- 700 g Tiefkühlerbsen
- 1 EL selbstgemachte Gemüsebrühe (Seite 75)
- ca. 1 l Pfefferminzteeauszug (Suppengrundlage Seite 77)
- Salz, Pfeffer
- einige frische Minzblätter und/oder abgezupfte Löwenzahnblütenblätter zum Garnieren

- Zwiebel und Knoblauch schälen, fein würfeln und in etwas Olivenöl andünsten.
- Die Erbsen dazugeben, die Gemüsebrühe hinzufügen.
- Mit ca. 700 ml Pfefferminzteeauszug übergießen, bis alles bedeckt ist. Den restlichen Pfefferminztee zur Seite stellen
- Die Suppe zum Kochen bringen und bei mittlerer Hitze ca. 15 Minuten köcheln, bis die Erbsen gar sind.
- Alles zusammen pürieren und mit Salz und Pfeffer abschmecken. Ist die Suppe zu dicklich, noch etwas Pfefferminztee hinzugeben.
- Mit den frischen Minz-/Löwenzahnblütenblättern garnieren.

Gibt man vor dem Pürieren noch eine Handvoll frischer Minze zur Suppe, verstärkt sich der Minzgeschmack. Insbesondere wenn die Suppe vor dem Servieren noch ein wenig durchziehen kann.

ROTKÄPPCHEN

glutenfrei, vegan

Etwas Leichtes soll es sein? Satt machen, ohne zu belasten? Die Tomate besteht zu 95 Prozent aus Wasser und ist ideal für die kleine Mahlzeit zwischendurch. Die rote Farbe wirkt wärmend wie ein loderndes Feuer und verspricht zusammen mit der Grünkraft des Oregano südländisches Feeling.

Für 4 Portionen

- 2 Zwiebeln
- 1 Knoblauchzehe
- Olivenöl
- 1 kg rote Tomaten
- 2 EL selbstgemache Gemüsebrühe (Seite 75)
- ½ TL Kräuterpulver aus Oregano/Dost, Thymian/Quendel und Rosmarin (Seite 77)
- Salz, Pfeffer
- frische Oreganoblätter oder wilder Dost zum Garnieren

- Die Zwiebeln und die Knoblauchzehe schälen, fein würfeln und in etwas Olivenöl andünsten.
- Die Tomaten halbieren und die Stielansätze herausschneiden.
- Die Tomaten mit dem Pürierstab grob zerkleinern und mit Gemüsebrühe und Kräuterpulver dazugeben.
- Die Suppe zum Kochen bringen und bei mittlerer Hitze ungefähr 10–15 Minuten köcheln, bis die Tomaten gar sind.
- Alles pürieren und mit Salz und Pfeffer abschmecken.
- Mit den frischen Oreganoblättern garnieren.

Wegen des hohen Wasseranteils der Tomate kommt diese Suppe ohne zusätzliches Wasser aus.

LEICHTIGKEIT DES SEINS

glutenfrei, vegan

Ob roh oder gekocht, Süßkartoffeln und Möhren werden wegen ihres leicht süßlichen Geschmacks von Groß und Klein geliebt. Die orange Farbe symbolisiert strahlende Fröhlichkeit und die Leichtigkeit des Seins.

Für 2 Portionen als Hauptgericht oder 4 Portionen als Beilage

- 1 Stück Ingwer (ca. 6 cm)
- ca. 1 l Wasser
- 1 große Zwiebel
- 1 Knoblauchzehe
- 2 gestrichene EL Kokosöl
- 375 g Süßkartoffel
- 375 g Möhren
- 2 TL Curry
- ½ TL gemahlener Zimt
- 2 gestrichene EL selbstgemache Gemüsebrühe (Seite 75)
- Salz, etwas Pfeffer
- Vogelmiere, möglichst mit Blüten

- Den Ingwer schälen, sehr fein schneiden und 1 Liter Teeauszug (Suppengrundlage Seite 77) zubereiten.
- Die Zwiebel und die Knoblauchzehe schälen, fein würfeln und in Kokosöl andünsten.
- Süßkartoffel und Möhren schälen und in kleine Würfel schneiden.
- Alle Zutaten in einen Topf geben, mit Ingwertee auffüllen, bis das Gemüse bedeckt ist.
- Die Suppe zum Kochen bringen und bei mittlerer Hitze ca. 15–20 Minuten köcheln, bis das Gemüse gar ist.
- Alles pürieren und mit Salz und Pfeffer abschmecken.
- Die Suppe mit Vogelmiere garnieren.

> Für einen intensiveren Ingwergeschmack den Ingwertee nicht abseihen, sondern den Ingwer mitkochen und -pürieren.

Salate

Salatfans sind sich einig: Es gibt nichts Besseres, als einen frischen, knackigen Salat. Ob Kopfsalat im Sommer, Radicchio im Herbst, Feldsalat im Winter – regional und saisonal findet man zu jeder Jahreszeit grüne Salate. Sie lassen sich herrlich mit Wildkräutern, anderen Gemüsesorten oder auch Obst kombinieren. Auch aus gekochtem Getreide und Gemüse lassen sich schmackhafte Salate zaubern. Alles zusammengemixt oder als Bowl? Wie auch immer, aber auf jeden Fall Genuss für Körper und Seele.

FARBENSPIEL

glutenfrei, vegan

Das Auge isst mit und insbesondere Gemüse und Obst inspirieren mit ihrer bunten Vielfalt. Mit Wildkräutern beschert der Salat besondere Geschmackserlebnisse, die ihn zu einem festen Bestandteil auf dem Speiseplan werden lassen.

Für 2 Portionen als Hauptgericht oder 4 Portionen als Beilage

Für den Salat:

- 1 Kopfsalat
- 1 rote Paprika
- 1 Apfel
- 1 Zwiebel
- 2 Möhren
- 1 Handvoll Wildkräuter
- einige Blüten(-blätter) zum Garnieren

Für das Dressing:

- 2 EL Bärlauchessig (Seite 79)
- 4 EL Olivenöl
- Salz und Pfeffer

- Den Salat in mundgerechte Stücke zupfen.
- Das Kerngehäuse von Paprika und Apfel entfernen, die Zwiebel schälen und alles klein würfeln.
- Die Möhren schälen und in feine Scheiben schneiden.
- Die Wildkräuterblätter fein schneiden, Blütenblätter beispielsweise von Löwenzahn und Ringelblume abzupfen. Die anderen Blüten ganz lassen.
- Aus Essig, Öl, Salz und Pfeffer ein Dressing herstellen.
- Die Salatzutaten in eine Schüssel geben, mit der Salatsoße vermengen und mit den Blüten garnieren.

Geeignete Wildkräuter sind z. B. Löwenzahnblätter und -blüten, Gänseblümchenköpfe, Sauerampfer, Spitzwegerich, Kleiner Wiesenknopf (Pimpinelle), Ringelblumenblüten, junge Borretschblätter und -blüten, Kornblumenblüten, Mohnblüten, Giersch, Bärlauch …

SÄTTIGENDE LEBENSFREUDE

glutenfrei, vegan

Lebendig und freudestrahlend steckt der Giersch als eines der ersten Frühlingskräuter seinen Kopf aus dem Boden und bildet oft prächtige Teppiche. Das Schönste aber ist, dass er immer wieder nachwächst und uns bis zum Frost durch das Jahr begleitet. Der kerngesunde Giersch bereichert auch die Salate im kleinen Kräutercafé.

Für 2 Portionen als Hauptgericht oder 4 Portionen als Beilage

Für den Salat:

- 200 g Quinoa
- 400 ml Wasser
- 1 EL selbstgemachte Gemüsebrühe (Seite 75)
- 100 g Sonnenblumenkerne
- 6 Tomaten
- 1 Gurke
- 2 Handvoll Giersch

Für das Dressing:

- herausgelöstes Tomatenfruchtfleisch (von den 6 Tomaten)
- 4 EL Mandelmus
- 2 EL Olivenöl
- Saft von 1 Orange
- Salz, Pfeffer

- Die Quinoa mit dem Wasser und der Gemüsebrühe zum Kochen bringen, 10 Minuten leicht köcheln lassen. Danach von der Herdplatte ziehen und weitere 10 Minuten quellen lassen. Anschließend in eine Schüssel geben und abkühlen lassen.
- Die Sonnenblumenkerne in einer Pfanne ohne Fett anrösten und ebenfalls abkühlen lassen.
- Die Tomaten halbieren und das Fruchtfleisch herauslösen. Die Tomatenwände in kleine Stücke schneiden. Das Fruchtfleisch für das Dressing zur Seite stellen.
- Die Gurke schälen und in kleine Würfel schneiden.
- Den Giersch fein hacken.
- Tomaten, Gurke, Giersch und Sonnenblumenkerne vorsichtig unter die Quinoa heben.
- Für das Dressing das herausgelöste Fruchtfleisch fein pürieren.
- Mandelmus und Olivenöl miteinander verrühren, bis eine homogene Konsistenz entstanden ist.
- Den Orangensaft unter das Dressing rühren.
- So viel vom pürierten Tomatenfruchtfleisch unterrühren, dass ein saftiges, aber nicht wässriges Dressing entsteht. Mit Salz und Pfeffer abschmecken und behutsam unter den Salat heben.

Das Dressing eignet sich ohne Tomatenfruchtfleisch auch gut für einen grünen Salat. Dazu jedoch nur 2 Esslöffel Mandelmus nehmen.

APPLAUS APPLAUS

glutenfrei, vegan

Dieser Möhrensalat versetzt selbst Gemüsemuffel in Entzücken und erntet Beifall. Hauchdünn gehobelt bekommen die süßlichen Rüben in Kokosöl gedünstet einen asiatischen Hauch, der mit der pikant-scharfen Kapuzinerkresse eine einzigartige Verbindung eingeht.

Für 2 Portionen als Hauptgericht oder 4 Portionen als Beilage

Für den Salat:

- 400 g Möhren
- 1 mittelgroße Zwiebel
- 1 große Knoblauchzehe
- 2 EL Kokosöl
- 1 Handvoll Kapuzinerkresse
- 100 g Mandelstifte
- einige Kapuzinerkresseblüten

Für das Dressing:

- 1 EL Kapuzinerkresseessig (Seite 79)
- 2 EL Olivenöl
- 2 EL Dattelsirup (alternativ Ahornsirup oder Agavendicksaft)
- Salz, Pfeffer

- Die Möhren schälen und anschließend mit einem Sparschäler fein hobeln.
- Die Zwiebel und Knoblauchzehe schälen. Die Zwiebel fein würfeln, die Knoblauchzehe reiben.
- Zwiebel und Knoblauchzehe kurz in Kokosöl in einer Pfanne andünsten.
- Die Möhrenhobel dazugeben und mitdünsten. Sie sollen leicht bissfest bleiben. Die Masse aus der Pfanne nehmen und warm stellen.
- Die Mandelstifte in einer Pfanne ohne Fett anrösten, bis sie duften. Abkühlen lassen.
- Die Kapuzinerkresse fein schneiden.
- Alle Zutaten für das Dressing gründlich verrühren.
- Mandelstifte und Kapuzinerkresse zusammen mit dem Dressing unter die warmen Möhren heben und abkühlen lassen.
- Den Salat mit den Blüten verzieren.

> Das Dressing wird unter die leicht warmen Möhren gehoben, damit sich die Aromen besser verbinden.
>
> Meine Kursteilnehmer können es meist nicht abwarten und naschen den Salat bereits lauwarm. Sie sind sich einig: Lauwarm oder kalt – er erntet immer Applaus.

EINFACH QUICHE

vegetarisch

Einer Quiche kann man einfach nicht widerstehen. Sie ist kein Hexenwerk und warm oder kalt genossen eine köstliche Leckerei für Zwischendurch. Da man die Zutaten nach Herzenslust variieren kann, kommt jeder auf seine Kosten. Da steht dem gemütlichen Zusammensein nichts mehr im Wege.

Für 2–3 Portionen

Für den Teig:

- 125 g kalte Butter
- 250 g Weizenmehl Type 1050
- ½ TL Salz
- 1 Ei
- ggf. etwas Wasser

Für den Belag:

- 1 große Zwiebel
- 2 EL Olivenöl
- 1 rote Paprika
- 1 Zucchini
- 1 Handvoll Wildkräuter, z. B. Blätter von Spitzwegerich, Kleiner Wiesenknopf, Brennnessel, Giersch
- 100 g geriebener Käse
- 1 Handvoll abgezupfte Blütenblätter z. B. Ringelblumenblüten, Borretschblüten, Kornblumenblüten

Für die Eiermasse:

- 4 Eier
- 100 g Sahne
- je ½ TL Salz und Pfeffer

- Den Backofen auf 180 °C (Umluft) vorheizen.
- Die Butter in kleine Stücke schneiden und mit den anderen Teigzutaten mit den Händen zu einem glatten Teig kneten.
- Den Teig in eine Schüssel geben, mit einem Geschirrtuch bedecken und 30 Minuten im Kühlschrank kalt stellen.
- Anschließend den Teig ausrollen (ca. 2 cm größer als die Form), in die gefettete Tarte- oder Springform (ca. 26 cm Ø) geben, einen Rand hochziehen und leicht andrücken.
- Mit einer Gabel mehrmals in den Teig stechen und ca. 15 Minuten im vorgeheizten Ofen vorbacken.
- Für den Belag die Zwiebel schälen, fein schneiden und in Olivenöl andünsten.
- Das Kerngehäuse der Paprika entfernen, die Zucchini schälen und beide klein würfeln.
- Die Wildkräuter fein schneiden.
- Die Zutaten auf den vorgebackenen Teigboden verteilen.
- Die Eier mit der Sahne verquirlen, mit Salz und Pfeffer würzen und über das Gemüse geben.
- Mit dem Käse bestreuen.
- Die Wildkräuter-Quiche ca. 35–40 Minuten backen.
- Die abgezupften Blütenblätter vor dem Servieren über die Quiche streuen.

Die Zutaten können auch auf mehrere kleine Tarteformen verteilt werden. Eine Alternative ist auch ein kleines Backblech oder eine flache Auflaufform.

KRÄUTER-SCHNITTCHEN

glutenfrei, vegetarisch

Wer hier belegte Brot-Schnittchen erwartet, ist auf dem Holzweg. Kräuterschnittchen sind viel mehr als das! Eine gebackene Kombination aus Gemüse und Wildkräutern – einfach perfekt als kleine Mahlzeit zwischendurch oder auch zum Sattessen.

Für 4 Portionen

- 750 g Kartoffeln
- 150 g Möhren
- 150 g Zucchini
- 2 Handvoll Wildkräuter, z. B. Blätter von Löwenzahn, Schafgarbe, Giersch, Bärlauch, Vogelmiere, Wiesenbärenklau, Knoblauchsrauke
- 2 große Zwiebeln
- 1 Knoblauchzehe
- 210 g glutenfreie Haferflocken
- 4 Eier
- 2 TL Curry
- Olivenöl zum Einfetten

- Den Backofen auf 180 °C (Umluft) vorheizen.
- Die Kartoffeln, Möhren und Zucchini schälen, fein reiben, in ein feines Sieb geben und kurze Zeit zum Abtropfen stehen lassen. Vor der weiteren Verwendung die ausgetretene Flüssigkeit abgießen.
- Die Wildkräuter fein schneiden.
- Die Zwiebeln schälen und in feine Würfel schneiden.
- Die Knoblauchzehe ebenfalls schälen und fein reiben.
- Alle Zutaten in eine Schüssel geben und gut miteinander vermischen.
- Ein kleines Backblech (40 × 30 cm) mit Olivenöl einfetten und die Masse darauf gleichmäßig verteilen. Ca. 40 Minuten im vorgeheizten Ofen backen.
- Anschließend kleine Schnittchen schneiden und warm oder kalt servieren.

Sollte die Masse noch zu feucht sein, mehr Haferflocken hinzufügen, bis eine gute Bindung erreicht ist.

Falls es Reste gibt, könnt ihr diese am nächsten Tag in Würfel (ca. 3 × 3 cm) schneiden und in einer Pfanne in etwas Kokosöl anbraten. Heißgeliebt!

Kaffeeklatsch und TEA TIME

Genüsslich etwas Süßes naschen und dazu eine gute Tasse Kaffee oder Tee – der perfekte Moment. „Kaffee und Kuchen“ ist für viele eine liebgewonnene Tradition und das Pendant zur „Tea Time“ in England. Egal ob Kaffee oder Tee, etwas Süßes MUSS es dazu sein! Im kleinen Kräutercafé gibt es viele süße Leckereien für große und kleine Naschkatzen.

Wer es süßer mag, gibt noch 1 Esslöffel Agavendicksaft, Ahornsirup o. ä. dazu. Beachtet, dass der Eigengeschmack des Süßungsmittels den Geschmack verändert.

Basics

Die Kaffeeklatsch-Basics sind nicht nur süß, sondern auch gesund. Diese Grundlagen verfeinern viele Rezepte oder bilden die Basis für süße Kreationen.

VEGANE MANDELCREME

glutenfrei, vegan

Die Basis der veganen Creme im Kräutercafé sind Mandeln. Die Creme kann wie Sahne verwendet werden, ist aber nicht ganz so fluffig, dafür herrlich cremig.

Für 1 Portion

- 6 EL Mandelmus
- 250 ml Wasser
- 1 EL Johannisbrotkernmehl

- Aus Mandelmus und Wasser eine Mandelmilch (Seite 21) herstellen.
- Das Johannisbrotkernmehl mit etwas Mandelmilch anrühren und zusammen mit der restlichen Milch unter ständigem Rühren kurz aufkochen.
- Die Mandelcreme in ein Gefäß geben und im Kühlschrank gut durchkühlen lassen.

Ihr könnt der Mandelcreme mit Gewürzen eurer Wahl eine besondere Note geben. Dazu beispielsweise dem Johannisbrotkernmehl 1 Teelöffel Zimt hinzufügen. Sollten sich beim Anrühren Klümpchen bilden, die gesamte Masse vor dem Aufkochen pürieren.

KOKOS-BASIC

vegan

Für 1 Portion

- 75 g Kokosflocken
- 250 ml Wasser
- 1 EL Johannisbrotkernmehl

- Kokosflocken in Wasser über Nacht (mindestens 5 Stunden) einweichen.
- Anschließend die eingeweichte Masse mit dem Wasser in einen Topf geben und einmal kurz aufkochen.
- Das Johannisbrotkernmehl über die heiße Masse sieben, unterrühren und im Kühlschrank abkühlen lassen.

Je länger die Kokosflocken im Wasser eingeweicht werden, umso mehr Wasser saugen sie auf und umso fester wird die Kokosgrundlage.

GRUNDREZEPT SCHOKOLADE

glutenfrei, vegan

Kakaobohnen zählen zu den nährstoffreichsten Lebensmitteln und enthalten viele gesunde Inhaltsstoffe. Diese gehen bei der Herstellung herkömmlicher Schokolade aber weitgehend verloren. Dabei ist es so einfach, gesunde und leckere Schokolade selbst herzustellen.

Für ca. 100 g

- 40 g Kakaobutter
- 30 g Agavendicksaft
- 25 g gemahlene Rohkakaobohnen
- 20 g entöltes Kakaopulver
- ½ TL Vanillepulver
- 1 Prise Salz

- Kakaobutter im Wasserbad schmelzen, den Agavendicksaft unterrühren, so dass eine homogene Masse entsteht.
- In einer Schüssel Kakaobohnen, Kakao-, Vanillepulver und Salz vermischen.
- Die flüssigen Zutaten zu den festen hinzufügen und alles gut miteinander verrühren, bis keine Klümpchen mehr vorhanden sind.
- Die Schokoladenmasse in eine Schokoladenform oder in Pralinenformen geben.
- Die Form 30 Minuten in den Kühlschrank stellen, bis die Schokolade fest ist.

> Macht die Formen nicht zu voll, da die Schokostücke sonst zu dick werden. Sie brauchen dann auch länger, bis sie fest sind. Bewährt hat sich 1 Teelöffel auf z. B. ein Pralinenherz.
>
> Die Schokolade muss nur bei heißen Sommertemperaturen im Kühlschrank aufbewahrt werden.

GLUTENFREIE MEHLMISCHUNG

glutenfrei, vegan

Eine glutenfreie Mehlmischung kann ganz leicht selbst auf Vorrat hergestellt werden.

Für 550 g

- 250 g Vollkornreismehl
- 100 g Hirsemehl
- 150 g Kartoffelstärke
- 50 g Maisstärke

- Alle Zutaten miteinander vermischen.

Kaffeeklatsch und Tea Time

Kaffeeklatsch und Tea Time im kleinen Kräutercafé ist ein Hochgenuss – da fällt die Auswahl wirklich schwer. Kuchen, Waffeln, Kekse, Energiekugeln, Müsliriegel, Schokolade oder Nice Ice laden zu ungewöhnlichen Gaumenfreuden ein.

AUF WOLKE 7

glutenfrei, vegan

Himbeeren mit Minzcreme auf einem rohköstlichen Boden – das ist einfach himmlisch! Da sind sich alle Gäste einig und nehmen gerne noch ein zweites Stückchen.

Für eine Springform (26 cm Ø)

Für den Boden:

- 160 g getrocknete Datteln ohne Kern
- 400 g gemahlene Mandeln

Für den Belag:

- 4 Stängel frische Minze
- 1 Portion Kokos-Basic (Seite 101)
- 500 g Himbeeren

- Die Datteln mit Wasser übergießen und 2 Stunden einweichen. Anschließend das Einweichwasser abschütten, in ein Gefäß geben und zur Seite stellen.
- Die Datteln mit den gemahlenen Mandeln in einer Küchenmaschine zerkleinern und anschließend mit den Händen zu einem Teig kneten. Sollte er zu trocken sein, ggf. noch etwas von dem Einweichwasser dazugeben.
- Die Springform mit Backpapier auslegen und den Teig in die Kuchenform drücken.
- Für die Kokos-Basic die Pfefferminze vom Stängel zupfen, fein schneiden und zusammen mit den Kokosflocken über Nacht einweichen. Gemäß Grundrezept (Seite 101) die Kokos-Basic mit der Minze herstellen.
- Die abgekühlte Kokosmasse auf den Boden streichen und die Himbeeren darauf verteilen.
- Bis zum Servieren kühl stellen.

Ist keine frische Minze vorhanden, 5 g getrocknete Minze in einen Teefilter geben und gemeinsam mit den Kokosflocken einweichen. Vor der Weiterverarbeitung den Teefilter ausdrücken und entfernen.

THYMISCHES APFELPARADIES

vegetarisch

Dem verführerischen Duft von frisch gebackenem Apfelkuchen kann kaum jemand widerstehen. Kindheitserinnerungen tauchen auf: Oft wurden die Streusel noch warm vom Kuchen stibitzt.

- Die Butter schaumig rühren.
- Den Zucker hinzugeben und mit der Butter verrühren.
- Die Eier auf höchster Stufe unter die Masse rühren.
- Das Mehl mit dem Backpulver und dem gemahlenen Thymian/Quendel vermischen, zur Butter-Ei-Masse geben und alles zu einem glatten Teig vermengen.
- Die Springform mit der Butter einfetten und den Teig in die Kuchenform drücken.
- Den Backofen auf 180 °C (Umluft) vorheizen.
- Das Kerngehäuse aus den Äpfeln herauslösen. Die Äpfel fein würfeln.
- Den Zimt gleichmäßig mit den gewürfelten Äpfeln vermischen und auf dem Boden verteilen.
- Den Kuchen im vorgeheizten Ofen 45–50 Minuten backen.
- Den abgekühlten Kuchen mit den frischen Thymianblättchen bestreuen.

Die Thymianmenge für den Teigboden kann je nach Geschmack reduziert oder erhöht werden.

Für eine Springform (26 cm Ø)

Für den Boden:

- 100 g weiche Butter
- 75 g Zucker
- 2 Eier
- 200 g Weizenmehl Type 1050
- 1 Pk. Backpulver
- 1 EL gemahlener getrockneter Thymian/Quendel
- etwas Butter zum Einfetten der Form

Für den Belag:

- 800 g Äpfel
- 1 EL gemahlener Zimt
- frische Thymianblättchen zum Garnieren

HIMMLISCHES BLÜTEN-TIRAMISU

glutenfrei, vegetarisch

Dieses fruchtige Tiramisu ist ein echter Hingucker, an dem man sich nicht sattsehen kann. Einmal gekostet, ist man diesem himmlischen Vergnügen erlegen.

- Die Erdbeeren waschen und die Stielenden entfernen.
- 400 g Erdbeeren in Scheiben schneiden.
- Die restlichen Erdbeeren mit dem Agavendicksaft und der Zitronenmelisse pürieren.
- Für die erste Schicht die Hälfte der Löffelbiskuits in eine Form geben und mit 75 ml Kräuterlimo beträufeln.
- 1 Portion Mandelcreme auf dem Löffelbiskuit verteilen.
- Die Hälfte der Erdbeeren darauf verteilen.
- Bei der zweiten Schicht genauso wie bei der ersten verfahren.
- Die pürierten Erdbeeren gleichmäßig über das Tiramisu verteilen und mit den Blüten verzieren.

Auch Blau- oder Himbeeren machen das Blüten-Tiramisu unwiderstehlich. Ein Geheimtipp ist dieses süße Vergnügen mit Mango. Variiert nach Herzenslust und eurem Geschmack!

Für 4 Portionen

- 800 g Erdbeeren
- 50 g Agavendicksaft
- 1 Handvoll Zitronenmelissenblätter
- 200 g glutenfreie Löffelbiskuits
- 2 Portionen Mandelcreme (Seite 101)
- 150 ml Kräuterlimo (Seite 29)
- 1 Handvoll abgezupfte Blütenblätter, z. B. Blüten von Ringelblumen, Mohn, Kornblumen

HERZENSSACHE KRÄUTERWAFFELN

vegetarisch

Waffeln einmal anders und doch unvergleichlich gut. Kräuterwaffeln passen genauso gut auf die Kaffeetafel wie ihre süßen Verwandten.

Für ca. 8–10 Waffeln

- 125 g Butter und Butter fürs Waffeleisen
- 3 Eier
- 250 g Weizenmehl Type 1050
- 1 TL Backpulver
- 1 TL (Kräuter-)Salz
- ca. 250 ml Hafermilch (Seite 21)
- 2 Handvoll Kräuter, z. B. Brennnessel-, Giersch-, Bärlauchblätter, Kapuzinerkresseblätter und -blüten, Knoblauchsrauke, Ringelblumenblüten, Wiesenschaumkraut, Wiesen-Bärenklaublätter

- Die Butter mit den Eiern schaumig rühren.
- Das Mehl mit Backpulver und Salz vermischen und zum Teig geben.
- Alles zusammen mit so viel Hafermilch verrühren, bis ein geschmeidiger Waffelteig entstanden ist.
- Die Kräuter fein schneiden und behutsam unter den Teig geben.
- Das Waffeleisen aufheizen, einfetten und die Waffeln ausbacken.

HOLLER-PANCAKES

glutenfrei, vegetarisch

Aufgrund seiner heilenden Wirkung hat man in früheren Zeiten vor dem Holunder den Hut gezogen. Auch kulinarisch ist er ein Hit. Holunderblütenlikör und -marmelade haben in vielen Haushalten schon Einzug gehalten. Hier überrascht sein sanfter Geschmack in Pfannküchlein und Butter.

Für ca. 10–12 Pancakes

- 1–2 Handvoll Holunderblütendolden
- 140 ml Mandelmilch (Seite 21)
- 2 Eier
- 1 TL Salz
- 50 g Buchweizenmehl
- 20 g Kokosmehl
- Kokosöl zum Ausbacken
- Holunderblüten zum Garnieren

- Die kleinen Holunderblüten von den Dolden so abschneiden, dass möglichst wenig „Grün“ verbleibt.
- Mandelmilch, Eier und Salz mit dem Mixer verquirlen.
- Buchweizen- und Kokosmehl vermischen.
- Unter ständigem Weiterrühren das Mehl in die Flüssigkeit geben, bis ein Teig entsteht. Sollte die Masse zu fest sein, noch ein bisschen Mandelmilch hinzugeben, bis ein geschmeidiger Teig entstanden ist.
- Zum Schluss die Holunderblüten mit einem Löffel unter den Teig heben.
- Bei mittlerer Hitze kleine Pfannküchlein in etwas Öl ausbacken.
- Vor dem Servieren mit Holunderblüten garnieren und die Holler-Butter dazu reichen.

Lässt man die Holunderblüten 1 Stunde im Teig durchziehen, intensiviert sich der Holundergeschmack.

Anstatt viele kleine können auch größere Pfannküchlein gebacken werden.

HOLLER-BUTTER

glutenfrei, vegan

Für 2 Portionen

- 2 Holunderblütendolden
- 125 g vegane, weiche Butter (z. B. Alsan)
- 50 g gemahlene Mandeln

- Die kleinen Holunderblüten von den Dolden so abschneiden, dass möglichst wenig „Grün“ verbleibt.
- Die Blüten zusammen mit Mandeln in die Butter kneten, bis sich alle Zutaten gut verbunden haben.
- Die Holler-Butter mindestens 2 Stunden durchziehen lassen

Fein schmeckt auch, wenn der Butter anstatt der Holunderblüten 25 ml Holunderblütensirup hinzugefügt wird.

Der Keks zum Kaffee oder Tee

Der obligatorische Keks zum Kaffee oder Tee darf nicht fehlen. Meine Teilnehmerinnen und Teilnehmer in den Kräuterkursen freuen sich immer auf die kleine Beigabe und probieren gerne neue Varianten. Zwei dieser Kreationen begeistern im kleinen Kräutercafé besonders.

KK – KÖNIGINNEN-KEKS

vegetarisch

Mädesüß wird auch die Wiesenkönigin genannt. Mit seinen cremefarbenen Blütenpuscheln leuchtet das Kraut an feuchten Wiesenrändern und betört mit seinem vanilleartigen Duft.

Für ca. 40 Kekse

Für den Mädesüß-Zucker:

- 6 große Mädesüßblütenstände
- 200 g Zucker

Für die Kekse:

- 150 g vegane Butter (z. B. Alsan)
- 100 g Mädesüßzucker
- 1 Ei
- 125 g feine Haferflocken
- 100 g gemahlene Mandeln
- 80 g Weizenmehl Type 1050
- 2 TL Backpulver

- Die kleinen Mädesüßblüten so von den Blütenständen zupfen/abschneiden, dass möglichst wenig „Grün“ verbleibt.
- Die Blüten zusammen mit dem Zucker mörsern, so dass sich die Blüten mit dem Zucker verbinden.
- Die Masse auf ein mit Backpapier ausgelegtes Tablett streichen und bei Zimmertemperatur ca. 2–3 Tage trocknen lassen.
- Sind Zucker und Blüten vollständig getrocknet, nochmals mörsern, bis der gewünschte Feinheitsgrad erreicht ist. Anschließend in ein verschließbares Glas füllen.
- Den Backofen auf 180 °C (Umluft) vorheizen.
- Butter, Mädesüßzucker und Ei schaumig rühren.
- Die restlichen Zutaten miteinander vermischen und unter die Buttermasse rühren.
- Mit einem Teelöffel kleine Häufchen abstechen und auf ein mit Backpapier ausgelegtes Backblech setzen. Genug Abstand lassen, da die Kekse noch etwas auseinanderlaufen.
- Die Kekse ca. 10–12 Minuten im vorgeheizten Ofen goldgelb backen.

Mädesüßzucker kann auch aus getrockneten Mädesüßblüten hergestellt werden. Einfach 20 g getrocknete Blüten mit 200 g Zucker mörsern.

Bei Allergien oder Unverträglichkeiten könnt ihr die Wal- und Haselnüsse gegen andere Nüsse austauschen.

SK – SAMEN-KEKS

glutenfrei, vegan

Mit Brennnessel- und Sesamsamen ist der „SK" ein Powerpaket. Genüsslich naschen und Samenkraft tanken heißt hier die Devise.

Für ca. 25–30 Kekse

- 3 EL Brennnessel-samen
- 3 EL Sesamsamen
- 100 g Kokosöl
- 200 g glutenfreies Mehl (Seite 103, alternativ Weizen-mehl Type 1050)
- 60 g Agavendicksaft
- ½ TL Salz

- Die Brennnesselsamen in einer Pfanne ohne Fett anrösten, bis sie anfangen zu duften.
- Die Sesamsamen ebenfalls in einer Pfanne ohne Fett anrösten. Diese vom Herd nehmen, wenn die Samen anfangen zu springen. Beide Samen abkühlen lassen.
- Das Kokossöl schmelzen und mit den anderen Zutaten mischen.
- Den etwas weichen Teig in Frischhaltefolie wickeln und in einer kleinen Schüssel 30 Minuten im Kühlschrank fest werden lassen.
- Den Backofen auf 180 °C (Umluft) vorheizen.
- Teelöffelgroße Portionen abstechen und auf ein mit Backpapier ausgelegtes Backblech geben, etwas flachdrücken und die Keksrohlige ggf. mit Hilfe eines Messers oderAuksstempels mit einem Muster versehen.
- Die Kekse ca. 10 Minuten im vorgeheizten Ofen backen.

> Da die Brennnesselsamen eine kürzere Röstphase benötigen, können sie nicht gemeinsam mit dem Sesamsamen angeröstet werden.
>
> Der Teig wird in der Frischhaltefolie in eine Schüssel gelegt, damit ggf. austretendes Kokosöl nicht im Kühlschrank ausläuft.

POWER-KUGELN

glutenfrei, vegan

In früheren Zeiten sagte man, „Ein Walnussbaum kann eine Familie über den Winter bringen." Nährstoffreich und sättigend sind diese Samen nicht nur echtes Superfood, sondern auch extrem lecker.

Für ca. 25–30 Kugeln

- 80 g Datteln
- 80 g Kokosöl
- 100 g gemahlene Walnüsse
- 100 g gemahlene Haselnüsse
- 25 g Kokosflocken
- 30 g Kakaopulver
- 1 TL gemahlener Zimt
- 1 kleine Prise Salz
- Kokosflocken zum Wälzen

- Die Datteln mit Wasser bedecken und 1 Stunde einweichen.
- Das Kokosöl im Wasserbad schmelzen, bis es flüssig ist.
- Alle Zutaten ohne Einweichwasser in einer Küchenmaschine oder mit dem Pürierstab zu einer homogenen Masse verarbeiten.
- Jeweils einen leicht gehäuften Teelöffel von der Masse abstechen und daraus mit den Händen kleine Kugeln formen.
- Anschließend die Kugeln in Kokosflocken wälzen.
- Im Kühlschrank auskühlen lassen, dann in einer Keksdose aufbewahren.

> Mahlt ihr die Nüsse selbst, achtet darauf, sie nicht zu lange zu mahlen. Es besteht sonst die Gefahr, dass Nussmus daraus entsteht. Die Masse wird dann zu weich und die Kugeln lassen sich nur schwer in Form bringen und halten.

ENERGIE-RIEGEL

glutenfrei, vegan

Manchmal reicht ein kleiner Müsliriegel zum Kaffee oder Tee, um das süße Verlangen zu befriedigen. Genüsslich schlemmend kann man sich mit dem Riegel entspannt im Stuhl zurücklehnen.

- Kakaobutter und Kokosöl im Wasserbad schmelzen.
- Den Ingwer dünn schälen und fein reiben.
- Die Aprikosen und Datteln klein schneiden und zusammen mit Mandelmus und Wasser in einer Küchenmaschine oder mit dem Pürierstab zu einer homogenen Paste pürieren.
- Geschmolzenes Kokosöl, Kakaobutter, gemahlene Cashewkerne, Zitronenmelisse, Weißdornkraut und den geriebenen Ingwer zu der Aprikosen-Dattel-Paste geben und nochmals pürieren.
- Haferflocken, Chiasamen und gehackte Mandeln unter die Masse heben.
- Die Müsliriegelformen mit Sesam ausstreuen. Die Masse auf den Sesam in die Müsliriegelformen geben und 30 Minuten im Kühlschrank fest werden lassen.
- Die fest gewordenen Müsliriegel aus der Form nehmen und in einer Keksdose aufbewahren.

Ihr könnt die getrockneten Aprikosen auch nach euren Vorlieben durch andere Trockenfrüchte ersetzen. Auch bei der Auswahl der Nüsse sind eurer Kreativität keine Grenzen gesetzt. Nutzt dieses Rezept, um nach Herzenslust zu variieren und experimentieren.

Statt in Müsliriegelformen könnt ihr die Masse auch auf ein kleines Backblech oder in eine Auflaufform (beides mit Backpapier ausgekleidet) geben und nach dem Abkühlen in Form schneiden.

Die Kakaobutter kann komplett durch Kokosöl ersetzt werden. Aus der durch das Kokosöl weicheren Masse könnt ihr dann wie im Rezept Power-Kugeln (Seite 117) Kugeln formen und beispielsweise in Sesam wälzen.

Für ca. 12 Riegel (Müsliriegelformen o. Ä., siehe Kasten)

- 35 g Kakaobutter
- 15 g Kokosöl
- 3 cm Ingwer
- 100 g getrocknete Aprikosen
- 50 g getrocknete Datteln
- 2 EL Mandelmus (ca. 50 g)
- 20 ml Wasser
- 100 g gemahlene Cashewkerne
- 4 EL getrocknete Zitronenmelisse, gemahlen
- 2 EL getrocknetes Weißdornkraut, gemahlen
- 50 g glutenfreie Haferflocken
- 1 gestrichener EL Chiasamen
- 50 g gehackte Mandeln
- Sesam zum Ausstreuen der Formen

DREIERLEI KRÄUTER-SCHOKI

glutenfrei, vegan

Unwiderstehlich! Besser kann man die Café-Schoki nicht beschreiben. Schokolade muss nicht Sünde sein, sondern vereint mit den richtigen Zutaten Genuss und Gesundheit. Für jede der drei Kreationen wird zunächst das „Grundrezept Schokolade“ (Seite 103) zubereitet.

Kräuter-Schoki mit gerösteten Sonnenblumenkernen

Für ca. 24 Stückchen

- Grundrezept Schokolade (Seite 103)
- 2 EL Sonnenblumenkerne
- 2 TL Rosmarinpulver

- Die Schokolade nach dem Grundrezept zubereiten.
- Sonnenblumenkerne in einer Pfanne ohne Fett anrösten, bis sie anfangen zu duften und leicht gebräunt sind. Aus der Pfanne nehmen und abkühlen lassen.
- Das Rosmarinpulver durch ein feines Sieb in die flüssige Schokoladenmasse rühren.
- Sonnenblumenkerne gleichmäßig auf die Pralinenförmchen verteilen.
- Jeweils 1 TL der Schokoladenmasse in die Pralinenförmchen geben.
- Die Schokolade 30 Minuten im Kühlschrank kühl stellen und danach aus der Form lösen.

Kräuter-Schoki mit gerösteten Brennnesselsamen

Für ca. 24 Stückchen

- Grundrezept Schokolade (Seite 103)
- 3 TL Brennnesselsamen

- Die Schokolade nach dem Grundrezept zubereiten.
- Brennnesselsamen in einer Pfanne ohne Fett anrösten, bis sie anfangen zu duften. Aus der Pfanne nehmen und abkühlen lassen.
- Die gerösteten Brennnesselsamen in die flüssige Schokoladenmasse rühren.
- Jeweils 1 TL der Schokoladenmasse in die Pralinenförmchen geben.
- Die Schokolade 30 Minuten im Kühlschrank kühl stellen und danach aus der Form lösen.

Kräuter-Schoki mit Himbeeren und Pfefferminze

Für ca. 24 Stückchen

- Grundrezept Schokolade (Seite 103)
- 2 TL getrocknete und fein gemahlene Pfefferminzblätter
- 2 EL getrocknete Himbeeren

- Die Schokolade nach dem Grundrezept zubereiten.
- Die Pfefferminze durch ein feines Sieb in die flüssige Schokoladenmasse rühren.
- Die Himbeeren grob zerreiben und auf die Pralinenförmchen verteilen.
- Jeweils 1 Teelöffel der Schokoladenmasse in die Pralinenförmchen geben.
- Die Schokolade 30 Minuten im Kühlschrank kühl stellen und danach aus der Form lösen.

NICE ICE

glutenfrei, vegan

Nice-Cream – den Löffel in die Creme tauchen, die Augen schließen und das kühle Vergnügen genüsslich im Mund zergehen lassen. Einmal von der Nice-Ice-Leidenschaft erfasst, mag man mit der Schlemmerei gar nicht mehr aufhören.

Blue Ice

- Die Bananen in kleine Würfel schneiden, in einen Gefrierbeutel geben (Bananenstückchen möglichst waagerecht wie eine Platte im Beutel verteilen) und mindestens 6 Stunden in den Gefrierschrank legen.
- Die Lavendelblüten in der elektrischen Kaffeemühle so fein wie möglich mahlen oder im Mörser sehr fein mörsern und durch ein feines Sieb streichen.
- Gefrorene Bananenstückchen mit den restlichen Zutaten im Küchenmixer, oder wenn vorhanden in einem Hochleistungsmixer, auf höchster Stufe mixen, bis eine homogene Masse entstanden ist. Sofort servieren.

Für 4 Portionen

2 reife Bananen (ca. 200 g)

1 TL getrocknete Lavendelblüten

200 g gefrorene Blaubeeren

4 EL Mandelmus

Man kann das Eis auch ohne Küchenmixer mit einem Pürierstab herstellen. Da die Zubereitung dann etwas länger dauert, ist das Nice Ice etwas weicher, aber ebenso lecker.

Beachtet bei diesem Rezept bitte die Vorbereitungszeit. Die Bananen sollten mindestens 6 Stunden vor der Zubereitung eingefroren werden.

Mein Tipp: Immer einen kleinen Vorrat an tiefgekühlten gewürfelten Bananen im Gefrierschrank haben. So könnt ihr das Nice Ice auch spontan zubereiten.

Variationen

Blaubeeren und Lavendelblüten könnt ihr wie folgt ersetzen:

Red Ice

Für 4 Portionen

200 g gefrorene Erdbeeren oder Himbeeren

3 EL Hagebuttenpulver

Brown Ice

Für 4 Portionen

3 EL entöltes Kakaopulver

2 EL getrocknete, fein gemahlene durch ein feines Sieb gestrichene Pfefferminzblätter

SNACKS *und* Knabbereien

Knabberspaß ist angesagt! Mit Freunden zusammensitzen, quatschen, lachen oder lieber allein mit einem Buch im gemütlichen Kräutercafé sitzen? Wie auch immer ihr eure kleine Auszeit genießt, kommt mit ins Land der Snacks und Knabbereien. Allerdings ist Vorsicht geboten: Das Knabbervergnügen hat Suchtfaktor.

Unwiderstehlich: Kräuteröl mit Brot

Selbstgemachte Kräuteröle sind geschmacklich immer ein besonderes Highlight. Im Kräutercafé sind sie der Geheimtipp schlechthin: Frisches Brot einfach hineintunken und genießen!

Beim Brot habt ihr die Qual der Wahl und könnt ganz nach euren Vorlieben entscheiden. Meine Kursteilnehmerinnen und Kursteilnehmer dippen am liebsten mit Quarkbrötchen (Seite 43). Hier kommt der Geschmack des Kräuteröls besonders gut zur Geltung.

KRÄUTERÖL

glutenfrei, vegan

Für Kräuterölauszüge eignen sich wie für Essige (Seite 79) am besten frische Gewürzkräuter. Diese geben dem Öl einen intensiveren Geschmack als getrocknete. Um Schimmelbildung vorzubeugen, nur vollkommen trockene Kräuter verwenden. Mit Kräuterpulver aus dem Vorratsschrank kann man sogar ohne Vorbereitungszeit eine Art Kräuteröl zum sofortigen Snacken herstellen.

ÖLAUSZUG MIT FRISCHPFLANZEN

Für ca. 250 ml

- Wildkräuter nach Geschmack (bewährte Kräuter siehe Kräuteressige Seite 79)
- 250 ml Öl, z. B. Oliven- oder Sonnenblumenöl

- Die Wildkräuter klein schneiden, locker in eine Flasche oder ein Glas schichten, mit Öl bedecken, und ca. 2 Wochen hell (kein direktes Sonnenlicht) und warm ziehen lassen.
- Die Kräuter abseihen und das Öl kühl, aber nicht im Kühlschrank, und dunkel aufbewahren.

> Je mehr Kräuter man verwendet, umso intensiver wird der Geschmack.
> Bei Ölauszügen werden im Gegensatz zu den Essigen keine Früchte verwendet.

ÖL MIT KRÄUTERPULVER

Für ca. 50 ml

- 2 TL Kräuterpulver (Seite 77)
- 25 ml hochwertiges Olivenöl

- Das Kräuterpulver gut mit dem Öl verrühren.
- Das Öl kühl, aber nicht im Kühlschrank, und dunkel aufbewahren.

> Das Pulver verbindet sich nicht mit dem Öl. Gut durchgerührt eignet es sich aber hervorragend zum Dippen oder für Salatsoßen.
> Wem Olivenöl zu geschmacksintensiv ist, kann als Basisöl auch beispielsweise Sonnenblumen- oder Rapsöl verwenden.

646 ECLAIRCISSEMENS

CHIPSVERGNÜGEN MIT BRENNNESSEL

glutenfrei, vegan

Chips und Brennnessel? Und das soll schmecken? In meinen Kräuterkursen ernte ich oft ungläubige Blicke. Skeptisch wird die Zubereitung beobachtet, vorsichtig der erste Bissen probiert. Jetzt verändert sich der Gesichtsausdruck: Ein verträumtes Lächeln erscheint und es kann gar nicht genug Nachschub geben.

Für 25 Chips

- 25 große Brennnesselblätter
- 20 g Kokosöl
- ½ TL Salz

- Das Kokosöl in einer Pfanne erhitzen und das Salz unterrühren.
- Die Brennnesselblätter vorsichtig nacheinander ins heiße Öl geben. Nach kurzer Zeit mit einem Holzschaber vorsichtig wenden. Sobald die Brennnesselblätter kross sind, diese mit einem Esslöffel aus der Pfanne nehmen und auf Küchenpapier legen, damit das überschüssige Fett aufgesogen wird.

> Es können auch andere Wildkräuterblätter verwendet werden, z. B. Schafgarbe, Knoblauchsrauke oder Melissenblätter.
>
> Anstatt Salz könnt ihr auch Gewürze (z. B. Curry, Paprika) oder Gewürzmischungen (z. B. Garam Masala) ins Öl geben und so euren Chips eine besondere Note verleihen.

SCHLEMMER-NÜSSE

glutenfrei, vegan

„Süßes oder Saures" – mit diesem Spruch ziehen zu Halloween vielerorts die Kinder von Haus zu Haus. Im kleinen Kräutercafé heißt es dagegen „Süß und Salzig". Diese unschlagbare Verbindung gibt den Schlemmer-Nüssen das gewisse Etwas.

Für 200 g Nüsse

- 2 EL Olivenöl
- 2 EL Ahornsirup
- je 1 gestrichener TL gemahlener Oregano/Dost, Rosmarin oder 3 TL Kräuterpulver (Seite 77)
- ½ TL Salz
- 200 g Cashewkerne

- Den Backofen auf 160 °C (Umluft) vorheizen.
- Olivenöl, Ahornsirup, Kräuter und Salz in einer Schüssel gut miteinander vermischen.
- Die Cashewkerne hinzugeben und so lange unterrühren, bis alle Nüsse leicht mit Öl bedeckt sind.
- Die Nuss-Öl-Masse auf einem mit Backpapier ausgelegten Backblech gleichmäßig verteilen und 10–15 Minuten im vorgeheizten Ofen karamellisieren, bis die Masse leicht gebräunt ist. Für eine gleichmäßige Bräune nach der Hälfte der Backzeit die Nüsse mit einem Holzlöffel durchmischen und wenden.
- Die Nüsse auf dem Backblech abkühlen lassen.

> Die butterig-süßen Cashewkerne eignen sich sehr gut zum Karamellisieren. Ihr könnt aber auch alle anderen Nüsse verwenden. Dabei ist jedoch der Eigengeschmack der Nüsse zu beachten.

FRÖHLICHE KNUSPEREI

glutenfrei, vegan

Bei Kichererbsen ist der Name Programm und die gute Laune stellt sich von selbst ein. Ihr leicht nussiges, neutrales Aroma bringt Abwechslung in den Knabber-Alltag. Eins ist sicher, für diesen fröhlichen Snack braucht es keine Überredungskünste.

Für ca. 250 g Kichererbsen

- 4 EL Olivenöl
- 2 gestrichene TL Curry
- 1 TL Paprikapulver edelsüß
- 2 TL Kräutersalz
- 1 EL Ahornsirup
- 1 Glas gekochte Kichererbsen (Abtropfgewicht ca. 250 g)

- Den Backofen auf 200 °C (Umluft) vorheizen.
- Das Olivenöl mit den Gewürzen und dem Ahornsirup vermengen.
- Die Kichererbsen in einem Sieb abtropfen lassen. Danach auf ein Küchentuch geben, vorsichtig trockentupfen und anschließend in einer Schüssel mit dem Gewürzöl vermengen. Das Öl soll gleichmäßig um die Kichererbsen verteilt sein. Ggf. noch etwas Olivenöl hinzufügen.
- Die Kichererbsen auf einem mit Backpapier ausgelegten Backblech gleichmäßig verteilen und für 30 Minuten in den vorgeheizten Ofen geben. Zwischendurch wenden, damit sie gleichmäßig bräunen.

Der Snack ist fertig, wenn die Kichererbsen leicht braun und knusprig aussehen.

> Alternativ zum Kräutersalz könnt ihr 2 Teelöffel getrocknete Kräuter oder das Kräuterpulver (Seite 77) verwenden. Die Kräuter oder das Kräuterpulver mit 1 Teelöffel Salz vermischen und wie das Kräutersalz verwenden.
>
> Am liebsten wird die fröhliche Knusperei frisch geröstet aus dem Ofen und noch warm weggenascht. Sie schmeckt aber auch abgekühlt hervorragend. Auf Vorrat hergestellte Kichererbsen können bei Bedarf nochmals kurz in den Backofen gegeben werden. Achtet darauf, dass sie nicht verbrennen.

CAFÉ-FLÄDCHEN: VERFÜHRERISCH LECKER

vegetarisch

Ein Highlight im kleinen Kräutercafé ist das „Flädchen“. Frisch auf dem Tisch gibt es kein Halten mehr und ratzfatz sind nur noch ein paar kleine Krümel übrig. „Bitte das Gleiche nochmal“, schallt es oft durchs Café.

Für 6 kleine Flädchen

- frischer Oregano zum Bestreuen
- 250 g Weizenmehl Type 1050
- 1 gestrichener TL Natron
- 1 TL Backpulver
- ½ TL Salz
- 2 EL fein gemahlener Oregano/Dost
- 125 g Quark 40 %
- 150 ml Hafermilch
- Mehl zum Ausrollen der Fladen
- Kokosöl zum Ausbacken

- Den Oregano klein schneiden.
- Mehl, Natron, Backpulver, Salz und den gemahlenen Oregano vermischen.
- Quark und Hafermilch miteinander verrühren und mit den restlichen Zutaten zu einem geschmeidigen Teig verarbeiten.
- Den Teig 30 Minuten ruhen lassen.
- Anschließend aus dem Teig auf einer bemehlten Arbeitsfläche 6 dünne Fladen ausrollen. Dazu den Teig mit etwas Mehl bestäuben.
- Die Fladen in einer Pfanne mit ½ Esslöffel Kokosöl von jeder Seite bei hoher Temperatur ca. 45 Sekunden backen.
- Vor dem Servieren mit Oregano bestreuen.

Die Fladen schmecken noch warm aus der Pfanne oder auch kalt.

SERVICE

ZUM WEITERLESEN

Spohn, Margot: **Was blüht denn da?** Kosmos Verlag, Stuttgart 2021.

Beiser, Rudi: **Tee aus Kräutern und Früchten.** Kosmos Verlag, Stuttgart 2015.

Bühring, Ursel: **Alles über Heilpflanzen**. Verlag Eugen Ulmer, Stuttgart 2007.

Bühring, Ursel: **Blütenküche**. Verlag Eugen Ulmer, Stuttgart 2021.

Eder, Ulrike: **Eine neue Welt des Essens.** Verlag Landsberg am Lech, 2020.

Fleischhauer, Steffen Guido; Guthmann, Jürgen; Spiegelberger, Roland: **Essbare Wildpflanzen.** AT-Verlag, Baden und München 2012.

Giersch, Michaela: **Heilpflanzen-Tee.** Verlag Eugen Ulmer, Stuttgart 2019.

Grappendorf, Doris: **Unkräuter.** Eigenverlag, 2019.

Grappendorf, Doris: **Wildkräuter-Küche.** Eigenverlag, 2016.

Hatzfeld, Hilla (2013): **Heilpflanzen als Weg-Begleiter.** Verlag Via Nova, Petersberg 2013.

Höller, Anke; Grappendorf, Doris: **Essbare Wildsamen.** Verlag Eugen Ulmer, Stuttgart 2019.

Hirsch, Siegrid; Grünberger, Felix (2008): **Die Kräuter in meinem Garten.** Weltbild-Verlag, Augsburg 2008.

Machatschek, Michael; Mauthner, Elisabeth: **Speisekammer aus der Natur.** Böhlau-Verlag, Wien, Köln, Weimar 2015.

Ritter, Claudia: **Heilpflanzen Signatur & Botschaft.** Verlag Eugen Ulmer, Stuttgart 2016.

Storl, Wolf-Dieter: **Heilkräuter und Zauberpflanzen zwischen Haustür und Gartentor.** AT-Verlag, Aarau 1996.

Stumpf, Ursula: **Pflanzengöttinnen und ihre Heilkräuter.** Kosmos Verlag, Stuttgart 2010.

Stumpf, Ursula: **Von Magie bis Phytotherapie.** MedMedia, Kandern 2010.

INFOS AUS DEM INTERNET

Die Internetseite der Autorin

www.bergischeskraeuterstuebchen.de · Instagram: anke_hoeller

Weitere empfehlenswerte Internetseiten

www.pflanzenfreunde.com
Sehr gute alphabetische Heilpflanzenübersicht mit Bild, Wirkung und Anwendung.

www.pflanzen-vielfalt.net
Diese Seite hilft u. a. Pflanzen, Wildkräuter und Bäume zu bestimmen.

www.kostbarenatur.net
Pflanzenporträts zu Wild- und Heilpflanzen sowie Gewürzen und ein nach Monaten gegliederter Wildpflanzen-Erntekalender. Ein alphabetisches Kräuterverzeichnis stellt die wichtigsten Heil- und Gewürzkräuter vor. Interessant ist auch ein Verzeichnis von Inhaltsstoffen, die gut erklärt werden.

www.awl.ch
Eine Internetseite über Heilpflanzen und Pilze. Das Heilpflanzenlexikon beinhaltet wundervolle Fotos und neben Wirk- und Inhaltsstoffen u. a. auch die Bewertung der Kommission E und den Einsatz in der Homöopathie.

https://kochlust.renateblaes.de
Eine Internetseite rund ums Kochen und Backen mit Wildkräutern. Sehr ansprechende Rezepte, die gut nachzukochen sind.

www.deine-ernährung.de
Tolle und leckere Rezepte auch mit Wildkräutern im Rahmen gesunder Ernährung.

Heilpflanzenschulen

Kurse und Seminare zum Thema Heilpflanzen:
www.rhoenerheilpflanzenschule.de
www.phytaro.de
www.regine-ebert.de
www.diekraeuterfrau.de
www.heilpflanzenschule.de
www.kleineheilpflanzenschule.de
www.christel-stroebel.de

Bezugsadressen

www.kakaopur.com
www.vom-achterhof.de
www.phytofit.de
www.dragonspice.de
www.kraeuterschulte.de
www.kraeuter-und-duftpflanzen.de

Die Autorin

Anke Höller ist Jahrgang 1966 und lebt inmitten von Wiesen und Wäldern im Bergischen Land. Nach über 30 Jahren hat sie ihre Tätigkeit als Kommunikationstrainerin und Coach aufgegeben, um sich ganz ihrer Berufung als Kräuterfrau und Hüterin des alten Wissens zu widmen.

Sie betreibt eine eigene Kräuterschule in Radevormwald. Ein besonderes Anliegen ist es ihr, die wertvollen und leckeren Inhaltsstoffe der Wildkräuter auf leichte Weise in die tägliche Ernährung einzubeziehen. Hemmungslos gesund schlemmen!

AUF EINEN BLICK: VERWENDUNGSMÖGLICHKEITEN DER KRÄUTER

Kräuter	Getränke	Toppings	Brotaufstriche	Kleine Mahlzeit	Kaffeeklatsch/ Tea Time	Snacks/ Knabbereien
Bärlauch			●	●	●	●
Baldrianwurzel	●					
Basilikum		●		●		●
Beifuß	●		●			
Borretsch				●		
Brennnesselblätter	●	●	●	●	●	●
Brennnesselsamen		●			●	
Brombeerblätter	●					
Cistrosenkraut	●					
Engelwurz	●					
Erdbeerblätter	●					
Gänseblümchen	●		●	●		
Gierschblätter	●		●	●	●	●
Hagebuttenschalen	●	●				
Hagebuttenpulver		●			●	
Haselnüsse					●	
Himbeerblätter	●					
Holunderblüten	●		●	●	●	●
Ingwerwurzel				●		
Johanniskrautblüten	●					
Kakaobohne			●		●	
Kamillenblüten	●					
Kapuzinerkresse				●	●	●
Knoblauchsrauke			●	●	●	
Kornblumenblüten			●	●	●	
Lavendel	●	●		●	●	●
Löwenzahnblätter				●		
Löwenzahnblüten			●	●		

Kräuter	Getränke	Toppings	Brotauf-striche	Kleine Mahlzeit	Kaffee-klatsch/ Tea Time	Snacks/ Knabbe-reien
Löwenzahnwurzel	✓					
Mädesüßkraut	✓					
Mädesüßblüten	✓				✓	
Malve			✓			
Melisse (Zitronen-)	✓	✓		✓	✓	✓
Mohnblüten					✓	
Oregano/Dost		✓	✓	✓		✓
Pfefferminze	✓	✓	✓	✓	✓	✓
Ringelblumenblüten	✓		✓	✓	✓	
(Wild-)Rosenblüten	✓			✓		✓
Rosmarin	✓		✓	✓	✓	✓
Salbei			✓	✓		✓
Sanddornbeeren	✓	✓				
Sauerampfer				✓		
Schafgarbe	✓			✓		
Spitzwegerichblätter	✓		✓	✓		
Süßholzwurzel/-pulver	✓	✓				
Thymian	✓			✓	✓	✓
Veilchen			✓			
Vogelmiere			✓	✓		
Walnüsse					✓	
Wasserdost	✓					
Wegerichsamen		✓				
Wegwartenblüten			✓			
Weißdornkraut	✓				✓	
Wiesenbärenklau				✓	✓	
Wiesenknopf				✓		
Wiesenschaumkraut			✓		✓	
Wildes Stiefmütterchen			✓			

REGISTER

Danksagung

Mein Dank gilt …

… in erster Linie der Natur, die uns ihre nährstoffreichen und reichhaltigen Schätze schenkt sowie allen Pflanzen, die sich als Fotomodell im Shooting in Speisen und Deko zur Verfügung gestellt haben. Ohne sie wären die köstlichen Rezepte und Fotos nicht entstanden.

… insbesondere und von ganzem Herzen meinem Mann Ralf und meiner Tochter Marie, die mir für alle Aktivitäten im Zusammenhang mit dem Buch den Rücken frei gehalten und auf gemeinsame Zeiten verzichtet haben. Ohne ihre Unterstützung und Rücksicht hätte das Buch nicht entstehen können.

… Svenja, der Foodfotografin von Klara & Ida. Die Fotos sind zum Teil bei ihr im Studio in Berlin entstanden, aber auch im und rund ums Kräuterstübchen. Sie hat es an beiden Orten verstanden, die Rezepte und die dazugehörenden Kräuter einfach wundervoll in Szene zu setzen. Svenja hat dafür nur natürliches Licht verwendet und die Speisen in keiner Weise künstlich verändert. Daneben habe ich die unkomplizierte und reibungslose Zusammenarbeit und ihren achtsamen Umgang mit den Pflanzen im Shooting sehr genossen.

… der Töpferin Marion Drensek von „Ton in Ton“, die uns ihre wundervolle Keramik für Fotos zur Verfügung gestellt hat.

… Frau Vetter und Frau Seibel vom Verlag Eugen Ulmer für die Begleitung, den Austausch und die kompetente Betreuung. Danke, dass Sie immer ein offenes Ohr für meine Fragen und Anliegen haben.

… Frau Boss-Teichmann für die gute Zusammenarbeit im Lektorat.

IMPRESSUM

Bildquellen
Alle Fotos einschließlich der Titelfotos stammen Svenja Mattner-Shahi (www.klaraida.de).

Die in diesem Buch enthaltenen Empfehlungen und Angaben sind von der Autorin mit größter Sorgfalt zusammengestellt und geprüft worden. Eine Garantie für die Richtigkeit der Angaben kann aber nicht gegeben werden. Autorin und Verlag übernehmen keine Haftung für Schäden und Unfälle. Bitte setzen Sie bei der Anwendung der in diesem Buch enthaltenen Empfehlungen Ihr persönliches Urteilsvermögen ein.

Der Verlag Eugen Ulmer ist nicht verantwortlich für die Inhalte der im Buch genannten Websites.

Bibliografische Information der Deutschen Nationalbibliothek
Die Deutsche Nationalbibliothek verzeichnet diese Publikation in der Deutschen Nationalbibliografie; detaillierte bibliografische Daten sind im Internet über http://dnb.d-nb.de abrufbar.

Anmerkung zur Schreibweise (Gendering) der weiblichen, männlichen und unbestimmten Form: Ausschließlich aufgrund der deutlich besseren Lesbarkeit wird in diesem Werk auf die jeweilige Mehrfachnennung oder Anpassung der Schreibweise bestimmter Bezeichnungen verzichtet.

Wollgrasweg 41, 70599 Stuttgart (Hohenheim)
E-Mail: info@ulmer.de
Internet: www.ulmer.de

Projektleitung: Ina Vetter
Lektorat: Claudia-Boss-Teichmann
Herstellung: Stephanie Haun
Umschlag-Gestaltung, Layout und Satz: Antje Warnecke, nordendesign.de
Reproduktion: time:ray, Jettingen
Druck und Bindung: Pustet, Regensburg
Printed in Germany

MIX
Papier aus verantwortungsvollen Quellen
FSC® C014889

ISBN 978-3-8186-1438-6

BÜCHER ZUM WEITERLESEN

Die Samen vieler unserer essbaren Wildpflanzen sind besonders schmackhaft und voller Vitalstoffe – es sind wahre Powerpakete! Sie können Wildsamen vielseitig nutzen: als wertvolle Nahrungsergänzung, als Speisenzugabe, zum Würzen, für die Senfherstellung, für Mehl und Kaffee, für Speiseöl und Keimlinge. Mit 44 Porträts von Pflanzen, die uns ihre Wildsamen schenken, inklusive Standort, Reifezeit, Ernte und Verwendung. Besonders ideenreich und fein sind die über 50 Rezepte: süß und salzig, einfach und raffiniert, gesund und richtig lecker.

Essbare Wildsamen. Finden, sammeln, vielseitig genießen. A. Höller, D. Grappendorf. 2019. 144 S., 100 Farbfotos, Klappenbroschur. ISBN 978-3-8186-0648-0.